Chri

The A

Methuen Drama

Methuen Drama

3 5 7 9 10 8 6 4 2

First published in 2006 by
Methuen Publishing Limited

Methuen Drama
A & C Black Publishers Limited
36 Soho Square
London W1D 3QY

A CIP catalogue record for this book is available from
the British Library

ISBN: 978 0 413 77611 2

Typeset by Country Setting, Kingsdown, Kent

WORLD PREMIERE

The Ash Boy

by
Chris Lee

18–30 April 2006

*theatre*503

Empty Space Peter Brook Award Winner 2004

The Ash Boy

by Chris Lee

CAST

Eve	Gabrielle Hamilton
Jack	Philip Brodie
Benny	Stuart Muirs

CREATIVE TEAM

Director	Gene David Kirk
Designer	Alice Walkling
Lighting Designer	Neville Milsom
Assistant Director	Jessica Beck
Technical Manager	Phil Hewitt
Design Assistant	Georgia Jacob
Production Assistant	Katrina Brown

CHRIS LEE - PLAYWRIGHT

Chris Lee is an Irish playwright based in London. His plays *The Mapmaker's sorrow* and *The Electrocution of Children* have been produced by The Abbey Theatre, Dublin, the latter winning the Stewart Parker award. His most recent play, *Vermilion Dream* was staged at Salisbury Playhouse.

GABRIELLE HAMILTON - EVE

Gabrielle trained at the Central School of Speech and Drama in 1942. Seasons in repertory include Ipswich, Nottingham, Bristol, Birmingham, Liverpool, Great Yarmouth. Tours include two trips to the Far East with Derek Nimmo's Playhouse Company and one of Europe including Belgium, France, Switzerland, Italy and Spain with Robert Southam's company Touring from Oxford. Plays in London include *Celebration* (Duchess Theatre); *Henry V* and *The Squire of Puntilla* (RSC at The Aldwych); *The Unvarnished Truth* (Phoenix Theatre); *Murder at the Vicarage* (Fortune Theatre); *Tovarich* (Piccadilly Theatre); *Mountain Language* (Harold Pinter Festival, Royal Court and The Lincoln Centre New York); and *Cold*

Hands (Theatre 503). Gabrielle's many TV appearances include *Eastenders* and *Footballers' Wives Extra* (to be shown shortly). Her one-woman shows, *A Vision of Virginia* (Virginia Woolf), *Dr Johnson's Mrs Thrall* and *Experiment with Eeeez* have been presented at The Edinburgh Festival and around the UK and USA.

PHILIP BRODIE - JACK
Since studying at Dartington College of Arts, Philip has devoted his time to acting in and creating new theatre, with his main focus being on complex characters. Immediately after graduating, he toured the North for a year with two new plays. Since living in London, Philip has written and performed numerous comedies, stand-up routines, narrative shows, plays and TV pilots. Other theatre credits include: *Bouncers*, *West*, *Playing by the rules*. TV credits include: *My Family*, *Doctors*, *Dream team*, *Broken News*, *My Hero*.

STUART MUIRS - BENNY
Stuart trained at Drama Studio, London. He has performed in several Shakespearian plays: as Bottom in *Midsummer's Night's Dream*, Vincentio in *Measure for Measure*, the porter in *Macbeth*, and Glendower/The Douglas in *Henry IV part I*. Other theatre includes Jimmy Farrel in *Playboy of the Western World*, Nick in *Mary and the Shaman*, Alec in *Bread and Butter*, Mr Smee in *Peter Pan*, Larch in *Cardboard Dreams* and Coach Gordon in *What Happened Last Night*. TV credits include *Doctors*, *Eastenders*, *Jonathan Creek*.

GENE DAVID KIRK - DIRECTOR
Gene is on attachment to Theatre 503 from Birkbeck University of London as part of his MFA in Theatre Directing. His directing credits include: *Equus*, *Aladdin*, *Shakers* (Lakeside Theatre, Colchester), *Arabian Nights* (Key Theatre, Peterborough) *Silly Cow*, *Keeping Tom Nice* and *Cinderella* (Weeze, Germany). While at Theatre 503 Gene has been Assistant Director to Artistic Director Paul Higgins on the UK Premiere of *Last Tuesday* by Donald Margulies and the World Premiere of *Futures* by Rebecca Prichard. As a writer, Gene's play *All Alone* premiered at the Edinburgh Fringe Festival 2005 gaining The Stage "Best of the Fest" and Attitude "Pick of the Fringe". It will be staged this year in Ireland as part of the third International Dublin Gay Theatre Festival.

ALICE WALKLING - DESIGNER
Alice graduated from Motley Theatre Design course in 2005. Since then she has worked as Assistant Designer on *After Birth* and *Factory Girls* (Arcola Theatre); and *Jackets* (Theatre 503). Design credits include: *Yorgjin Oxo* at Theatre 503. Alice also designed costumes for an episode of *The Late Edition* BBC4 and has just finished working on costumes for Opera by Definitions' *Eugene Onegin*.

NEVILLE MILSOM - LIGHTING DESIGNER
Neville studied performing arts at Harrogate College of Arts & Technology. After a short spell in Production Management, Nev moved to Essex as Chief Electrician at the Mercury Theatre Colchester. Freelance since 2000, he has worked extensively as a Lighting Designer and Production Manager. Theatre work includes: *Seven brides for Seven Brothers*, *Lost and Moated Land*, *Abigail's Party*, *Kiss of a Spider Woman*, *Guys and Dolls* and various pantos. Live events include: Opening Ceremony Olympic Games Athens 2004, Kenwood House Summer Concerts, Mela Festivals.

JESSICA BECK - ASSISTANT DIRECTOR
Jessica is an Associate of Theatre 503 and Artistic Director of Bad Penny Theatre. Directing credits include: *Terrorist! The Musical* by Bad Penny Theatre, *All Alone* by Gene David Kirk (Smirnoff Underbelly, Edinburgh), *The Whale and the Bird* by Greta Clough, *All Alone* (Theatre 503), *4.48 Psychosis* by Sarah Kane (Old Globe Theatre Lab). Jessica's production of Gene's play *All Alone* will transfer to the Dublin International Gay Theatre Festival in May. Jessica and Gene are currently developing Gene's newest play *Slag Heap* about human trafficking. Jessica is working towards a PhD in Performance Practice from the University of Exeter, working with actors and emotion.

PHIL HEWITT - TECHNICAL MANAGER
Phil trained at Theatr Clwyd, and at LAMDA, graduating in 1992. Head of Sound at Thorndike Theatre 1993-1996, he designed for a number of tours and West End shows. Sound designs include: *Everything is Illuminated* (Etcetera Theatre), *Terrorist! The Musical* and *Billy Holiday* (Smirnoff Underbelly, Edinburgh Festival), *Poet no 7*, *Yellowing*, *Futures*, *Yorgjin Oxo* (Theatre 503), *Nymphs and Shepherd* (Etcetera Theatre), *Talk* (Sweetspot TC), *Manband* (Brian at BAC). Phil is part of the theatre collective Brian and an Associate Director of Theatre 503.

GEORGIA JACOB - DESIGN ASSISTANT
Georgia graduated in 2005 from Central Saint Martins Theatre Design Course. She collaborated as a director/designer on *Never Talk to Strangers*. Georgia has since been an assistant designer on *Macbeth* (teatro technis). She is also part of a collective of young artists who create unusual theatre evenings around London.

KATRINA BROWN - PRODUCTION ASSISTANT
Katrina studied modern languages at Bristol University specialising in drama. After a career in design and advertising, she returned to theatre with an MA in theatre directing at Goldsmith's. Along with production assistance and marketing on *The Ash Boy* (Theatre 503), Katrina inputs on profile development at Theatre 503.

JENNY MACDONALD – PRODUCER FOR THEATRE 503
Jenny is an actress turned producer and one of the team that run Theatre 503 in Battersea; providing a centre of excellence for new writers. Producer of new play Cold Hands' sell-out shows last year, which was fully funded. Director of Ness Valley Productions and producer of Last Laugh starring Frances Barber and Doreen Mantle; a 14 min short film, shot on Super 16 and funded by Screen South and the UK Film Council. Already screened at 5 International Film Festivals. Currently working on individual projects both for film and theatre. Jenny is also on the Board for the New Producers Alliance.

ACKNOWLEDGEMENTS
The Jerwood Space, Ian Dunning, James Drury, Oxfam, Funeral Care - Battersea, Sarah Beck, Sven Ortel and Janet Clegg. Production photogaphy and programme design by James Drury and Extra Sensory Design (www.extra-sensory.demon.co.uk).

This production was originally supported by the Arts Council of England and produced in association with Birkbeck University of London and Theatre 503.

*theatre*503

Help us to find the rough diamonds by becoming a friend of

theatre 503

theatre 503 is like no other theatre in London - a producing theatre run by volunteers, dedicated to new writing. In a short space of time our work with new writers has gained us wide attention and acclaim and won us The Empty Space Peter Brook Award 2004 and a nomination for the *Time Out* Live 2005 Best Fringe Theatre.

theatre 503 is just over three years old now and has become an important addition to London's theatre landscape. It is one of the most exciting studio theatres in London dedicated to staging innovative new writing by some of the most important emerging playwrights. Entirely unfunded, *theatre* 503 relies on the generosity of donors and sponsors to enable the team to sustain and develop its work.

For £30 a year you will receive:

Advanced information on our shows; exclusive ticket offers; two tickets for the price of one for the first week of every main production; the knowledge that your support is keeping one of London's most exciting fringe theatres alive

For £50 a year you will receive:

All of the above plus: reduced price tickets (subject to availability); acknowledgement in our theatre programmes

For £100 a year you will receive:

All of the above plus: invitations to special Press Nights; access to house seats for sold out productions

For £500 a year you will receive:

All of the above plus: four complimentary tickets for every main production during your membership

If you would like to become a friend of *theatre* 503 contact us on:

e-mail: friends@theatre503.com
telephone: 020 7978 7040
www.theatre503.com

theatre 503

"**theatre** 503 – purveyor of new writing that is young, idiosyncratic and urgent."   THE GUARDIAN

The Ash Boy

Characters

Jack, *thirty-seven, strong London accent*
Eve, *seventy, strong Dublin accent*
Benny, *forty-three, strong Glasgow accent*

The play of the three different accents is important and must not be compromised

Setting

An attic flat in London

Time

Now

Scene One

Jack and Eve's flat. Dark, smoke-stained walls, no carpet. Piles of broken electronic equipment, neatly stacked. A large TV and PlayStation stand separate. There is a bed in the corner of the room. Eve sits in her coat on the edge of the bed. She has a badly made sandwich in her hand. She stares at the floor. Jack has his ear pressed to the wall. Silence.

Jack Magnets.

Pause.

They're stockpiling magnets.

Pause.

Evil bastards.

Pause.

The magnet is the key component of surveillance equipment. I knew it. They're scheming. They're making plans. They're in there now, scheming and making plans. They've got magnets.

Pause.

Satellite systems, global positioning networks. You name it, they've got their fingers in every pie. They're hooked up, that's what they are, hooked up to the government, hooked up to the council. They're connected. They've got connections. Wires, aerials, optical fibres. They're using technology to torture innocent people. They're exploiting science to create suffering.

Pause.

It's all about pornography.

Pause.

Keep everyone under surveillance. Make them frightened. Close down their minds. And then, then force feed them pornography. That's what they want. Pornography everywhere. They want to turn us all into addicts. They want to broadcast hard-core pornography directly into my head.

Pause. He moves away from the wall.

It's not going to happen.

He goes back to the wall and bangs with his fist.

It's not going to happen. There's such a thing as civil liberties.
Freedom. The power of resistance.

Pause.

No matter how great the exercise of control, no matter how
firm the grip of authority, there is always resistance. Little
gestures, great frustrations, counter-plans, counter-schemes.
We can fight. We can always fight. Remember that, Mother.
Remember that the onslaught of pornographic domination
can be thwarted by a thousand tiny points of resistance. This
flat is a beacon. A beacon shining against the madness that's
setting in everywhere around us.

Pause.

Eat your sandwich. Eat it, go on.

Pause.

I made it specially. I put in an extra slice of tomato. Fresh
tomato. Eat it, go on.

Pause.

Can't you do anything I ask? Can't you? Can't you even eat a
sandwich? I mean it's just, it's just . . . bread and . . . eat it.

The sandwich falls to the floor.

Oh, now look. Look at that. It's fallen on the floor. Why did
you? Why did you do that? Why did you let that sandwich fall?
I made that sandwich for you. Specially. Tomato and everything.

Pause. He picks up the sandwich.

You've got to eat.

Pause.

Eat this. Eat this now.

Pause.

Please, Mother.

Pause. He tries to stuff the sandwich into her mouth. She gags and spits it out.

Eve   No.

Jack   What's the point in that?

Eve   Not hungry.

Jack   You've got to eat.

Eve   Not hungry.

Jack   You're a fucking skeleton. You're a bag of bones. If you don't eat, you'll die.

Eve   I'll eat later.

Jack   You always say that. Always. And you don't eat. And you get thinner. And I made you a sandwich.

Eve   I'll eat.

Jack   I'm not putting up with this. They'll take you away. They'll drag you down the stairs and stuff you into an ambulance and put you in a hospital that stinks of piss and stick a drip in your arm and you'll be a vegetable and no one will visit you because all you'll do is dribble and fart.

Eve   I had toast.

Jack   You had toast yesterday. A little square of toast. It wouldn't keep a mouse alive.

Eve   I'm old.

Jack   You've got to eat. I'm under a lot of pressure here. A lot of strain. Everything's crowding in. It's the pace of the modern world. It pushes you to the limit. I'm at the limit. And the last thing, the last thing I can tolerate is you not eating.

Eve   Let's go down to Poole, let's go down to Sandbanks.

Jack   Oh, not this again.

Eve   Your father always said that the Dorset coast in the summertime was one of God's little treats.

Jack   My father was an alcoholic Irish cunt. I hated him, you hated him, all the fucking world hated him.

Eve   Let's go down to the sunny summer beaches of Poole Harbour and beyond. Let's go down to Swanage and watch the Punch and Judy shows on the pier the way we used to do.

Jack   You're sick.

Eve   It was warm and mellow, at the end of a long hot summer. We sat on the beach with our picnic done, dozing in the lazy afternoon honey of it all. And the water's gentle ripples cooling the hot sand. Drifting clouds, drifting thoughts, and before our closing eyes glazed completely with sleep, we noticed you were gone. And the sudden jerk awake of panic set our hearts racing in fear. Where were you at all, where was our little boy, our little Jack, with his bright red swimsuit and his blue bucket and spade. Where were you?

Jack   I can't. I can't deal with it. I hate this story.

Eve   Your father ran to one end of the beach. I ran to the other. We shouted for you. We gathered the goodwill of some other parents and hunted the coast for a small child called Jack. And –

Jack   Shut up, shut up.

Eve   – just when all hope had gone and we sank to our knees in the golden sand, wreathed in despair and not knowing which way to turn, just at that very moment –

Jack   It's all a lie, just a lie.

Eve   – your sweet head bobbed up in the blue sea and you emerged from the water, bucket in hand, and made your calm and peaceful way back to the bosom of your family, who showered you with the hugs and kisses of gratitude. You had been returned to us. A miracle, the sea having sent you back and not claimed you as one of its own. And that was a great day. And that day will stay with me for ever.

Jack   I'll make you some tea.

Eve   I don't want tea.

Jack I'll make it sweet.

Eve You don't understand the first thing about tea.

Jack What's there to understand?

Eve The mysteries of the Orient.

Jack Don't ramble, I don't want you rambling.

Eve I'm too old, too tired, and I want to be dead.

Jack That's criminal, that's unforgivable. I am trying. I am trying to haul you out of your horrible self-pity. I am trying.

Eve I want to go on holiday.

Jack There is a siege. There is a war. We're in the middle of a war zone. Our neighbours are espionage specialists with murderous intent. We owe it to ourselves, we owe it to humanity, to stand our guard against the pornographic deluge.

Eve What about Eastbourne?

Jack Sneer at me, go on, sneer.

Eve I want to open a window.

Jack Open a window? Why not open the door? Invite them in. Go on, bring them in. Let them, let them rip our hearts out.

Eve It's dark.

Jack You're going senile.

Eve Take me for a walk.

Jack It's not safe.

Eve Look at you. No job, no woman, no prospects. You're junk, like the rubbish you find on skips.

Jack Here it comes, here it is, all the resentments, all the flowing hatred, the lava of ugliness that pours out of you, Mother. My life is about protecting values. I protect you, don't I? No thanks, though, not a word of thanks.

Eve We never took care of you. There's no wonder you're not right in the head.

Jack   I'm aiming for level twenty-nine.

Eve   I blame myself.

Jack   I'm going to achieve level twenty-nine today. That's my goal.

Eve   I blame your father.

Jack   He's dead.

Eve   He wasn't so bad.

Jack   He beat you.

Eve   He was good company.

Jack   I have fully mastered thirty-two PlayStation games in three years and you think that's insignificant?

Eve   Everyone can rot in hell as far as I'm concerned.

Jack   Level twenty-nine.

Eve   I need to sleep.

Jack   It's the middle of the day.

Eve   I'm tired.

Jack   That's because you won't eat.

Eve   I'm going to lie down.

Jack   Don't die. Don't you fucking think about dying.

Eve   Play your games. Play your games and leave me alone.

Scene Two

Eve *sits on the bed.* **Jack** *has gone out.* **Eve** *stands up. She gets a key from a jar in the corner. She goes to a wooden box buried among the junk. She unlocks the box and takes out an urn of cremated ashes.*

Eve   There you are.

She polishes the urn as best she can.

The blue-eyed boy. The roaring, raging ox. Sad star of my
sour dreams. My Stephen, my man. God rest your soul, God
grace your sleep.

Pause.

And occasionally slap you around just to remind you I'm still
here.

She goes and sits back down, rocking to and fro with the urn clutched
tight.

I'm not having a very good time at the moment, Stephen.
I would go so far as to say that the situation is dire.

Pause.

Oh, he's gone out. You don't have to worry about him. Not for
a good while yet. He'll not catch us talking. Sure, he couldn't
hear anyway, not with all the chatter that's already in his head.
So don't fret. You're safe. Safe in my bony old hands.

Pause.

Of course, I could scatter you among the roses, if you like. Yes,
if I opened the kitchen window and emptied you out, there's a
good chance at least a bit of you would fall on the roses.

Pause.

Or I could flush you down the toilet so you could sail softly
away to sea. With all the shite. And, let's be truthful, Stephen,
there was a good deal of the shite about you, my love.

Pause.

Ah, but we're all a mixed bag of magic and manure when you
come to consider the essence. In each of us a gold mine, in
each of us a sewer.

Pause.

And what would Jack be? Is that what you're asking? What
would our shivering, heaven-brittle boy be? Wounded in the
heart of him, shaken in the head. He's gone for his work. For
the dragging of old bits of junk that he finds in the dumps and

the skips and hauls back here. No purpose in it but to eat up
his time and rush him to the end of each day that little bit
quicker. To mumble and twitch through the night with his
timid eyes closed on the angry world, ready to shriek at it all
again in the morning.

Pause.

I remember well when you boxed him on the ear so hard
the ringing didn't stop for ten months. I remember well when
you pushed him down the stairs and his cheekbone broke.
I remember also the breaking of his nose, the bruising of his
back and the whole pandemonium show of you and him. The
whole drink-fuelled drama of tantrum and passion and seven
bells. Always seven bells out of poor defeated Jack.

Pause.

You don't like to be reminded of that. You don't like to have
your dead conscience pricked and whispered at with the hurt
and weeping of the past. By Christ no, you don't like that.

Pause.

Still and all, you were company and laughter. You were good
cheer enough of the time for me not to kill off your memory.
Mad, bad, old bitch. That's me. I don't exist, not enough to
make any mark on the world. Not enough to care to live, or to
fight my fading. I'm the scattered dust in an unhappy attic. I'm
heading your way, Stephen. I'll be there soon.

Pause.

I'll be there soon.

*She gets up to put the urn back. She locks the box and puts the key away.
Then she goes to press her ear against the wall.*

Nothing.

Scene Three

Jack, *carrying some broken electrical equipment, approaches* **Benny**, *sitting on a park bench.* **Jack** *stares at* **Benny**. **Benny** *stares back.*

Benny   Is there something bothering you, laddie?

Pause.

Did your mother no tell you it's rude to stare?

Jack   How do you know my mother?

Benny   It's a figure of speech.

Jack   She never goes out.

Pause.

Benny   I see. I get it.

Jack   What?

Benny   Special needs. Learning difficulties. Care programme approach. Supported accommodation.

Jack   That's my bench.

Benny   Is it now?

Jack   No one ever sits there.

Benny   Until today.

Jack   Yes, no. It's my . . . Why are you . . . ?

Benny   The fancy took me.

Jack   Oh.

Benny   What's your name?

Jack   Jack. I don't speak to people.

Benny   Very wise. Nice to meet you, Jack. I'm Benny.

Pause. **Benny** *holds out his hand.* **Jack** *ignores it.*

Jack   I come here every day to empty my mind of stress and to try and rejuvenate the channels that process creative thought.

Benny   Not learning difficulties then. Asperger's syndrome possibly, or schizo affective whatnot.

Pause.

Benny   What's that you have there?

Jack   It's an old floppy drive.

Benny   Right.

Jack   It might be useful.

Benny   It might.

Jack   Yes.

Benny   But the future is DVD. The floppy is only hanging on by a thread.

Pause.

Jack   Do you know anything about electrical circuits? Do you understand wiring, in particular as it relates to insulation and resistance?

Benny   Jack. There's room on the bench for two.

Jack   Yes.

He sits down.

Benny   I'm a fish out of water here, Jack. The best thing about London is the high road to Scotland.

Jack   I've never mastered the safe management of electrical currents.

Benny   Few people have.

Jack   I was thinking of asking for help.

Benny   I'm an electrician.

Jack   Really?

Benny   Well, I was. After a fashion. I've done all sorts in the building trade. Hod-carrier, bricklayer, chippie and the odd bit of wiring.

Jack   That's remarkable.

Benny   It's providence. You found me. How can I be of assistance?

Jack   There's a project I'm working on.

Benny   That's fascinating.

Jack   But it's a secret. I have to proceed with caution. No offence.

Benny   None taken. But you'd like some advice.

Jack   Yes. If you wouldn't mind. I'd have to take you home.

Benny   To your hostel?

Jack   No, my flat. With my mother. I live in a flat with her. We . . . it's over there.

Benny   Well, Jack, as it so happens, I was sitting here wondering what in the name of Christ's backside I was going to do about the sleeping arrangements for tonight.

Jack   Where do you live?

Benny   That's it, you see. The best laid plans. I have to confess that I have been let down. Betrayed. Abandoned.

Jack   I have to go now.

He stands up.

Benny   What's your hurry?

Jack   She'll be wondering. And she's not . . .

Benny   She's not what?

Jack   It doesn't matter.

Benny   But how am I to give you this advice that you need without further . . . negotiation?

Jack   Negotiation?

Benny   Yes. You need my help.

Jack   I'll manage.

Benny   Here I am, on your bench. Unexpectedly. With all the experience and expertise in electronics that you're crying out for. But because you're running five minutes late, you're going to pass up the opportunity to solve the problem that's been nagging away at you for some time now, like a maggot in a wound.

Jack   But I don't know who you are.

Benny   The world is full of mean-spirited bastards. I can't blame you for being on your guard. But a man of your intelligence should be able to recognise one of his own.

Jack   What?

Benny   Why don't I come and have a look at your problem, and if, after careful consideration, you think I could make a favourable impact upon it, why then, you could offer me a place to stay for the night and both backs would be scratched.

Jack   I can't have people staying. It all goes wrong.

Benny   And why's that?

Jack   I don't know.

Pause.

Benny   Ah, you're right. There's no overcoming the distance of strangers. You'd best be on your way.

Pause.

Bye now.

Jack *hesitates.*

Scene Four

Eve *sits on the bed.* **Jack** *stands. He has brought* **Benny** *home.* **Benny** *stands awkwardly. Silence.*

Jack   I brought someone back. I found someone. He was sitting on my bench. My thinking bench. At the corner of the park. Near Duck Hill. Ten feet past the daffodil bed. My bench. He was sitting on it.

Benny   Aye, but I didn't know it was yours. I would've sat down, like elsewhere, if I'd known. But I didn't know. So I'm sorry. So there's no hard feelings. No . . . misgivings.

Jack   His name's Benny.

Benny   That's right.

Jack   He knows about electrics.

Benny   I was. I used to be an electrician. In Scotland. I was.

Pause.

I was an assistant. To an electrician. In Scotland. A fine man.

Pause.

Jack   She doesn't take notice of anything. She doesn't hear. Doesn't listen. She's sagging away into stinking old age. She's not worth talking to.

Pause.

Benny   How do you do, Missus. It's nice to . . . my name's Benny.

He takes her hand and shakes it. She looks at him. He sits down.

Well, this is nice.

He takes three cans of Tennent's Super out of his coat.

Provisions.

Pause.

Eve   You know you're not supposed to bring people back here.

Jack   I can do what I want.

Eve   Have you forgotten what happened the last time?

Jack   Don't listen to her.

Benny   Please help yourself.

He opens a can.

Cheers.

Pause.

Eve   There hasn't been any alcohol in this house for many a long year.

Jack   I didn't know Benny was a drinker. You didn't tell me you were a drinker.

Benny   It'll not do you any harm. Here, lad. Get this inside you.

He opens a can and puts it in **Jack***'s hand.* **Jack** *sips.*

Jack   It's sweet.

Benny   It's nectar. It's liquid honey.

He opens the remaining can and gives it to **Eve**.

Jack   She's not to be getting drunk. She's not to be getting all fogged up and dizzy. I've seen that before. I've seen her like that.

Benny   Your health, Missus. And yours, Jack. This is cosy. This is bliss. Is it not?

Jack   Benny's going to help me with my work.

Benny   Aye, if I can, if I can.

Jack   He knows about electrics. He can help me with the insulation. I'm building an insulation system. A wall of protection. Against bugging equipment. Against cameras and microphones and surveillance. We need to insulate the whole house against the electro-magnetic intrusion of perverts.

Benny   Ah, well.

Jack   I've got the tools. I've got the raw materials. I just need some help with the practical stuff. With the actual assembly.

Benny   That's no bother.

Jack   Do you want to see my plans?

Benny   Certainly. Most interesting. A most interesting project. Do you not think, Missus?

Eve I tell you that boy is fucked in the head. He's a shrieking nutter. A madman. He's not a quarter of the full shilling. Do you understand? Surveillance systems. He's cracked. And it's not for the want of trying to prise him away from the crazed schemes of his lunacy, that has me crippled up here like a wounded bat, picking away at what's left of a normal life. This is a wrecked and rotten habitation, Mister, and you'd best be warned against it.

Jack Oh, there she goes, there she goes. Ranting away, hacking away in that old scrape of a voice. Bashing at me, hitting at me, but she's no idea. No idea of what I do. No idea of my work, or of why it's important.

Eve His father was driven to an early grave because of this gibberish. His father would take a look at the only fruit of his loins and weep in despair. 'Twould be kinder to smother him in his bed, he used to say, than to listen to the madness creeping through him like gangrene. He's diseased. He's no use. He should be put down, like a rabid dog would be put down. There. That's what his father used to say. Now do you have some understanding Mister? Do you have some notion of us now?

Benny Well, fathers can be terribly cruel. My father was a mean old fucker and no mistake, if you'll pardon my language Missus. But come on now. Here we all are. And to everybody's health.

He drinks. **Jack** *drinks.* **Eve** *sits . . . she drinks.*

Benny There. Everybody's feeling better.

Pause.

I've got some experience now. I don't mind telling. I don't mind revealing. As a sort of counsellor like. A mender of broken relationships. A kind of emotional healer. And I'd be happy to render that service to you both, if you'd like to take up the offer.

Eve Nothing here can be fixed.

Benny Oh, that's a terribly bleak outlook if, you don't mind me saying, Missus. Terribly bleak. A wee bit of optimism is what's needed here. A wee chink of light in the all-pervading darkness.

Pause.

I am that light.

Pause.

Or I could be. If you'd invite me to shine, so to speak.

Eve   Ah, sweet Jesus, there's no need to torment me with two of them.

Benny   I can see I'm going to have to prove myself.

Jack   Benny.

Benny   Jack.

Jack   Benny, would you like . . . I mean, would you like something to eat?

Benny   That would be most welcome.

Jack   She doesn't eat. She doesn't. Won't. She's wasting away. I can't make her eat. But I'll fix something for us. I'll get something for us, OK?

Benny   Right you are.

Jack *goes out to the kitchen.*

Benny   So you don't eat.

Eve   There's no point.

Benny   What lovely delicate fingers you have. I bet you had long nails when you were in your prime.

Eve   What do you want?

Benny   I'll just be staying for a while. As Jack has offered to put me up. Just until I find my feet.

Eve   What's wrong with your feet? You should have found them years ago. You'll not recover anything in the fetid air of this place.

Benny   Is a man not allowed a few mistakes? A falling down, a lapse or two? I'll pull myself together in a few days, and then I'll be gone.

Eve   Back to the park bench.

Benny   Aye, you're mighty judgmental, Missus.

Eve   You could be anyone. We don't know anything about you.

Benny   Oh, don't worry. I'll spill my beans for you. I'll tell my story. Sing for my supper. If you want.

Eve   I don't want any singing.

Benny   Have another sip. It'll take the edge off your bitterness.

Eve   Have you no whisky?

Benny   Tennent's Super is the lot of he who has fallen on hard times. I've lost the taste for taste, and only the effect is now important.

Eve   You mustn't hurt him. You mustn't believe him and you mustn't hurt him.

Benny   I'll do neither. It's my solemn promise.

Jack *comes back in with a hastily arranged tray of food. An open can of baked beans, bread, cornflakes, chocolate and chopped carrots. A jug of milk, two cups and two bowls.*

Jack   That stuff's going to my head. I've never liked it. Clouds your judgement. I'll stay away from it. She should too.

He sits down. They look at the food.

Would you like some cornflakes?

Pause.

Benny   Why not?

He starts eating. Initially he is put off by the strange selection but then he tucks in with gusto. **Jack** *and* **Eve** *watch him eat.* **Benny** *takes his time. A cornflake or two ends up on the floor.*

Benny   That was good.

Pause.

Very good.

Pause.

Shall I wash up?

Pause.

I will so.

He gathers up the crockery, etc., and carries the tray into the kitchen. **Jack** *and* **Eve** *stare at one another.* **Jack** *picks up a cornflake that has fallen on the floor. He looks at it. He is trying to think. The clatter of cutlery and water from the kitchen.* **Benny** *comes back in.*

Benny   I love a good wash up.

Pause.

Hands thrust deep into warm soapy water and a tingle of cleanliness rippling through the body.

Pause.

But you've got to let it soak for a while.

Eve *lies down on the bed and shuts her eyes.*

Jack   What's Scotland like?

Benny   Like every place, a shithole of human misery unless you're drunk.

Jack   Oh.

Benny   It's not so bad.

Jack   I've never been outside England.

Benny   What, never?

Jack   I went to Swanage once.

Benny   Oh aye?

Jack   It's in Dorset.

Benny   Very nice.

Pause.

Jack   I've never done Nintendo.

Benny   Is that so?

Jack   And I've never had a Gameboy.

Benny   Really?

Jack   It's only ever been PlayStation. Only ever been . . .
PlayStation.

Benny   Right.

Pause.

Jack   Do you know what I did when I heard that PlayStation 3
was coming out?

Benny   You rushed out to put your name down, first on the
list.

Jack   No, I didn't. I didn't do that.

Benny   I give up.

Pause.

Jack   I cried.

Benny   You cried.

Jack   Yes.

Benny   Why?

Pause.

Jack   I can tell you. I can tell you because you're a close
friend.

Benny   Of course.

Jack   I wouldn't tell anyone else.

Benny   No.

Jack   I cried.

Benny   Yes.

Pause.

Jack   I cried because it was over. PlayStation 2 is . . . is everything. The only king. As . . . you see, once there's Playstation 3 there'll be 4 and 5, and it will never be the same. It was the end. Something perfect. And then just . . . uncertainty. All these games are obsolete. My skill, it doesn't mean anything now. I don't want Playstation 3. I don't want it. But what can I do? It's over.

Benny   But why can't you get number three? I mean, they upgrade everything. Five minutes and a whole new generation comes along. Go with the flow. Computers do your fucking head in. 486, Pentium 3. I say fuck the lot of them. You just get yourself a PlayStation 3 and bugger the consequences. That's what I say. What's life for but enjoying. You need your peccadilloes.

Jack   It's over.

Benny   But what about 2? I mean how did you cope with the transition between 1 and 2?

Jack   Obviously that was different.

Benny   Different?

Jack   That was the move from trial to perfection. Everything else is sacrilege.

Benny   Oh aye. Impeccable logic.

Jack   This will be an antique one day. An antique.

Benny   But don't hold your breath. The past will never reward you.

Jack   What?

Benny   History is all about vengeance and regret. We'll go down the High Street, shag a rock through a window and grab you a PlayStation 3. How's that?

Jack   What, steal?

Benny   No, appropriate.

Jack   I don't know.

Benny   Well, think about it.

Jack   I will.

Benny   Then just say the word.

Jack   I'll . . . I'll think about it.

Benny   Your mother's tired.

Jack   Yes.

Benny   Very frail.

Jack   She is, yes.

Benny   If a doctor came here, you know, he'd not be pleased.

Jack   What doctor? Why would a doctor come?

Benny   I mean 'if'. I mean hypothetical, like.

Jack   There aren't any doctors. We don't see doctors.

Benny   No, but what I'm saying is 'if'. Your mother's not well. Very poorly.

Jack   She'll be OK. I'll make her eat.

Benny   I'm just saying that a doctor would probably want to take her away.

Jack   They can't.

Benny   Calm down.

Jack   They can't do that.

Benny   If somebody told them.

Jack   We don't know any doctors.

Benny   I know that. I know that.

Jack   They can't.

Benny   Fine, fine. But all it would take. You see what I'm saying. All it would take is one phone call.

Jack   Please.

Benny   Oh, not from me. You can trust me. Not from me. I would never. But just so as you know. Just to be careful, like.

Jack   She needs to go to bed.

Benny   She's very peaceful.

Jack   I'll just . . . I'll put her in bed.

He very gently and carefully picks up **Eve** *and takes her out of the room. When he is gone* **Benny** *drains the cans that were opened for* **Jack** *and* **Eve**. **Jack** *comes back in as* **Benny** *finds a pack of cards in his coat.*

Benny   Do you play?

Jack   Play what?

Benny   Cards, man, cards.

Jack   I don't know many card games.

Benny   Poker?

Jack   No, not poker.

Benny   Pontoon?

Jack   No.

Benny   Hearts?

Jack   No.

Benny   Black Maria?

Jack   No.

Benny   Bugger the Pope with a corkscrew?

Jack   No.

Benny   What do you know?

Pause.

Jack   Snap.

Benny   Is that all?

Jack   Yes.

Pause.

Benny   All right. I'll play you snap.

Scene Five

Morning. **Eve** *comes in.* **Benny** *is lying in the bed.* **Jack** *is on the floor.*

Eve   Get up.

Pause.

Get up. Get up, you lazy bollix.

She kicks at **Jack**.

Did you fall out of bed or what? Did you crumple down in a drunken stupor? What are you at?

Jack   Don't kick me.

Eve   Come on, it's . . . it's time enough. It's light outside. It must be, surely, getting on now. The morning. What's the time?

Jack   It's only eight o'clock.

Eve   Only, only, half the day gone. Rise now, out of that filthy blanket and go and splash some water on your face.

Jack   I'm up. I'm getting up now.

Eve   And what's he doing there?

Jack   He's sleeping.

Eve   That's your bed.

Jack   I know.

Eve   What's he doing in your bed?

Jack   He . . . I gave it to him.

Eve　You what?

Jack　I offered it. I offered it to him.

Eve　And why, pray, would you offer your own bed, to a reeking Scottish parasite who breezed in off the dirty street, for a scavenge in our privacy?

Jack　He's a guest.

Eve　He's a sneering shite and you know it. Wake him up. Go on, give him a good waking.

Jack　Benny.

Pause.

Benny, it's time to get up.

Pause.

He's out cold.

Eve　Bucket of water, so.

She makes to go.

Jack　Don't do that. Don't be so stupid. So unwelcoming.

Eve　He's in your bed.

Jack　He's got a bad back.

Eve　Oh, for Christ's sake, get him up.

Jack　He's waking now.

Eve　You'd let anyone walk all over you. Anyone at all.

Benny　Am I the cause of some disturbance? Is it that terrible time of day again? It is. I'll haul myself up from the depths of slumber and be with you now.

He gets up.

Lovely sleep.

Eve　It's well for you.

Benny　Jack here was so kind as to offer me his very own bed for the night.

Eve   I can see that.

Benny   I've a bad back, you see. Strained it working on a building site in Middlesborough. Dreadful sore.

Eve   I didn't notice anything wrong with your back yesterday.

Benny   I, well, you see, it only affects me at night.

Eve   Does it now.

Benny   I'll get tea for us all.

He goes out.

Jack   Why are you so rude? You're so fucking rude.

Eve   I wouldn't trust him for all the tea in Middlesborough.

Jack   What?

Eve   Thick, paranoid and gullible. It's a wonderful combination in a man.

Jack   He's my guest.

Eve   Oh yes, and what happened to the last guest you brought back? What happened to him?

Jack   This is different.

Eve   How is it different?

Jack   Benny's my friend.

Eve   He's his own friend, not yours.

Benny *comes back in.*

Benny   Kettle's on. Mustn't watch the pot.

Jack   I've got to go and sign on.

Benny   That's mad.

Jack   Jobseekers' Allowance.

Benny   Job what? Ha, that's good. That's a good one.

Jack   What's so funny?

Benny   You're serious. Jobseekers'? That's ridiculous.

Jack   Why?

Benny   In your condition, Jack. In your state, you'd get a doctor to sign you off sick, nae bother.

Jack   I'm not sick.

Benny   Disability Living Allowance too.

Jack   I've got to sign on.

Benny   You should go to a doctor, not the DSS, I'm telling you.

Jack   Why are you always talking about doctors?

Benny   It's your choice. It's your choice. I'm only advising. Sorry I spoke.

Jack   I'm going. We've got work to do when I come back.

Benny   Do you no want your tea?

Jack *leaves.* **Benny** *goes into the kitchen.* **Eve** *goes and touches the wonder box. She then goes to the jar where the key is kept. She thinks about taking it out, but* **Benny** *returns with tea.*

Benny   There you go now. Milk and sugar?

Eve   I'll do it.

Benny   He really should see a doctor.

Eve   And what's got you so concerned?

Benny   He'd get more money on the sick, that's all. Way more.

Eve   He doesn't think he's sick.

Benny   Aye, well. I was meaning to have a word with you about that.

Eve   He's his own man. What business is it of yours?

Benny   Just friendly, you know like, friendly word to the wise, eh?

Eve Jack's all right.

Benny Would you not think of having somebody in to take a wee look at him?

Eve What for?

Benny He's no right in the head, is he?

Eve Jack's fine.

Benny Well now, with respect, that's no what you were saying yourself. I mean, I'm only going by what I've observed, but I'd say we're talking some kind of psychiatric disorder here.

Eve I don't wish to discuss the matter.

Benny All it would take is a phone call, you see. A phone call from someone. Not me, no, I'm not saying that. But a phone call to the authorities. To the people in charge of these things. And well. I mean to say, they'd take him away, wouldn't they? They'd take him off to a psychiatric ward. A locked ward maybe. One phone call.

Eve What kind of evil is brewing away in you?

Benny Now calm down, I don't mean any harm by it. Just pointing out the uncomfortable truth, like.

Eve You can't have this flat.

Benny Oh please now, please. There's no intention of malice here. I wouldn't harm a hair on his head. I promise you.

Eve He doesn't need a doctor.

Benny OK, we'll say nothing more about it. Just so as you know. That's all. Not another word.

Eve You'd best be out and away from here if you know what's good for you.

Benny Dear me. Is that a threat?

Eve It's a warning.

Pause. Tea slurping.

Benny Tell you what.

Pause, icy stare from **Eve**.

Benny   I tell you what we'll do.

Pause.

We'll have a sing-song. Some old Irish songs. What do you say?

Eve   I say you can take your old Irish songs and stick them up your old Scottish arse.

Benny   You'll cheer up in no time with a few well-chosen songs.

Eve   I don't know any songs.

Benny   There's no soul born without music.

Eve   It's too early.

Benny   Never too early for the lark. I'll start us off and you'll join in when you're ready.

Eve   I doubt it.

Benny *sings 'The Fields of Athenry' in a surprisingly sweet voice.*

Benny   Come on then.

Eve   I've never been to Athenry. I don't even know where it is.

Benny *sings again.* **Eve** *just stares.*

Scene Six

Benny *is standing.* **Eve** *is sitting.* **Benny** *is brushing* **Eve**'s *hair. Long, slow strokes.* **Eve** *begins to hum. A scene of contentment. Hold.*

Scene Seven

Jack *comes in. He has a sack.* **Benny** *and* **Eve** *are sitting peacefully. A radio is playing gentle classical music.* **Jack** *surveys the scene.*

Jack   What's this?

Benny   That's Radio Three, that is. Do you never listen to Radio Three?

Jack   We don't believe in radio.

Benny   After a hard day's slog, when you're covered in shit and your life's a pile of rubble, there's always Radio Three available to reconnect you to civilised values.

Jack   I can't. I can't have the radio.

Benny   But you're an electronics wizard. It all starts with the radio, or 'wireless', as I note your good mother still says.

Jack   She hates the radio.

Eve   A change is as good as a kick in the balls.

Jack   Turn it off.

Benny   Relax, Jack. Sit down. Take in the melody.

Jack   Please turn it off.

Eve   He thinks it affects his brain.

Jack   I get these headaches.

Eve   Have some aspirin.

Jack   Do you not see? Do you not feel? The atmosphere of the planet is choking with electromagnetic radiation. There's microwaves, gamma rays, X-rays, radio waves, TV waves, digital TV waves. There's waves and waves and rays and waves and they burrow into your brain like dung beetles. And when they get inside, your brain begins to dissolve and pretty soon you're a zombie. A zombie with zombie thoughts. And you can't recognise real people any more. But if you're careful. If you're really careful, then you can keep your own brain, your own mind, your own thoughts. But you have to take precautions. And you cannot, you cannot listen to the radio.

Pause.

Benny   I'll turn it off so.

He does.

Jack   They pick up on the radio waves next door. They can tune into your wavelength and broadcast pornography at double the speed. It's fatal. They have magnets.

Pause.

Benny   Now, Jack. Let me ask you a question.

Jack   What?

Benny   That thing there. Surely now, that large object, squatting in the middle of your room, that television set, has got to be a fucking nuclear reactor of waves. How come that doesn't fry up those precious brains of yours?

Jack   I don't watch TV.

Benny   What?

Jack   I don't, we don't, watch TV. We don't accept television. It's unhealthy and full of corruption.

Benny   Then what in the name of Christ is it doing there?

Jack   I told you. PlayStation. It's for PlayStation. That's all it's for. PlayStation. My . . . PlayStation.

Benny   Right.

Jack   Not television.

Benny   No.

Jack   Just PlayStation.

Benny   Fair enough.

Jack   PlayStation.

Benny   I was only asking.

Eve   He's a little set in his ways, our Jack.

Jack   Do you want to play?

Benny   Ach no. I'm fine.

Jack   You can if you want.

Benny   I haven't the, you know, the hand-eye co-ordination for PlayStation. All that driving and shooting and kick-boxing. I've never got the hang of it.

Jack   But you can practice. You can take as long as you want.

Benny   Thank you, but not now at any rate.

Pause.

Jack   I bought these.

He points to his sack.

I was so lucky to find them.

He rattles the sack.

Benny   What have you got there?

Eve   Junk, junk, junk. That's all. More fucking useless junk.

Jack   You can't understand. You never will. She doesn't understand.

Benny   What is it?

Jack   I'll show you.

He upturns the sack and a hundred motherboards from old computers fall out onto the floor.

Benny   Spare parts.

Jack   Motherboards.

Benny   Right.

Jack   A hundred motherboards.

Benny   Wonderful.

Jack   I bought them from the computer exchange. They were just going to throw them out.

Benny   So they're broken.

Jack   Only some of them.

Benny   I see.

Jack   They're just what we need.

Benny   How's that?

Jack   For our work.

Benny   Aye.

Jack   We can insulate the entire flat with motherboards.

Benny   Can we?

Jack   Yes. Then we can channel all outside radiation into the processors on the boards and . . . and make the environment safe.

Benny   But there aren't any processors.

Jack   What?

Benny   Chips.

Jack   What?

Benny   There's no chips on these boards. They've been removed. Look.

Jack   No chips.

Benny   Well, it's not surprising, no one would chuck out a hundred microchips. Not unless they were really old.

Jack   It doesn't matter.

Benny   Well . . .

Jack   No, we can find a way. There's still enough material. We can still do it. You have to help me.

Benny   But how?

Jack   I've got to think.

Benny   . . . Yes.

Pause.

Well, listen. While you're thinking, I might have, I mean, with your permission of course, I might have a wee bath. A wee ablution for myself. If that's OK.

Jack   Then we've got to start work.

Benny   That's not a problem.

Jack   We have to start tonight.

Benny   Fine.

Jack   I need to think.

Benny   OK.

Jack   You can have your bath.

Benny   Clean the body, purify the mind.

Jack *is absorbed in motherboards.*

Benny   Could I borrow? Do you mind if . . .

Jack   What?

Benny   A towel. Do you have a towel I could use?

Jack   Yes. There's a cupboard by the sink. They may not have been used for a while.

Benny   No bother.

He exits. **Jack** *slowly raises his eyes from the motherboards to look at* **Eve**. *He waits for the sound of the bath running.*

Jack   What have you been saying?

Eve   Could I be bothered saying anything?

Jack   You've been talking about me.

Eve   Do you think anyone could be bothered to talk about you?

Jack   Whispering.

Eve   There's nothing about you I'd care to discuss.

Jack   Behind my back.

Eve   Behind your back, in your face, up your arse or anywhere else.

Jack   Insinuating.

Eve   What?

Jack   Insinuating malicious things.

Eve   Insinuating now, is it?

Jack   You're a liar.

Eve   And you're the biggest basket in a whole menagerie of baskets.

Jack   Telling lies about me.

Eve   I haven't the energy to tell lies about you.

Jack   Making up stories.

Eve   Or the imagination to make up stories.

Jack   Distorting the past.

Eve   If only I could distort the past.

Jack   You're not to come between me and Benny.

Eve   Between you and Benny?

Jack   Breaking up our friendship.

Eve   Friendship?

Jack   You've never approved of my friends.

Eve   What friends?

Jack   People I'm close to.

Eve   You've never had any friends. Oh, sweet Mother of Christ, if only you'd had friends, anyone, anyone, to pull you away from the compost heap inside your head. I've begged people to be kind to you, to show you some human warmth, to include you in some small way in the shallow pleasantries of their social intercourse, but you have remained resolutely untouchable, a pariah, an embarrassment, a stain.

Jack   And what about Benny, then? What about him, in there in the bath? He's my friend. I met him. I had no help from you. From anyone.

Eve   Benny is not your friend.

Jack   I knew you'd say that.

Eve   He can't be trusted.

Jack   Why do you hate me?

Eve   What?

Jack   Why do you hate me so much that you can't bear even a glimmer of happiness in my life?

Eve   I do not, I have never, and God knows I've been drawn near to it, son, but I could never hate you. My only child, I love you with all the sad passion my withered heart can muster, but you must heed me when I say that Benny is no friend of yours.

Jack   You want him for yourself.

Eve   No.

Jack   Yes you do, you're jealous.

Eve   It's useless.

Jack   Don't deny it.

Eve   I can't go on.

Jack   You bitch.

Eve   So I won't go on.

Jack   You whore.

Eve   Oh God.

Jack   You filthy cunt.

Eve   Shsh.

Jack   You filthy bitch cunt whore.

Eve   Calm yourself.

She touches his arm.

Jack   Get your hands off me.

Eve   Don't get angry.

Jack   You corpse.

Eve   Please.

Jack   You carcass.

Eve   Jack.

Jack   Bitch.

He hits her. This has happened before in a similar way and she is resigned.

Bitch.

Pause.

Bitch.

Pause.

Bitch.

Pause.

Bitch.

Pause.

Bitch.

He hits her again.

Bitch.

Pause.

Bitch.

Benny *comes in, dripping wet, wrapped in an old towel.*

Benny   What's this?

Pause.

What's going on?

Scene Eight

Night. **Eve** *has gone to bed.* **Jack** *and* **Benny** *sit sorting motherboards into three piles.* **Benny** *has bought some cans of lager. He is drinking.*

Benny   Will you no have another can?

Jack   I've got to keep my mind clear.

Benny   Aye, but this is only the preliminaries, like. This is only the sorting stage.

He takes a huge gulp.

Personally I find that a little alcoholic lubrication does wonders for the machinery of the mind.

Jack   It does mean a lot to me.

Benny   What does?

Jack   You helping. I know it's hard work.

Benny   Faint heart never won fair lady.

Jack   What?

Benny   You've got to put your shoulder to the wheel. Every now and then. Too often would spoil it. I like to keep a bit of strength in reserve.

Jack   Have you found any chips?

Benny   Oh, one or two, one or two. No what you were hoping for, mind.

Jack   I'm going to power the system with the TV. Some simple wiring and we should be OK.

Benny   Whatever your genius decides, I will do my best to implement.

Jack   Some of these are completely broken.

Benny   That's no surprising.

Jack   No. I get too excited. Too worked up sometimes.

Benny   Still, we are doing society a favour. We are sifting through the detritus of the information age and separating the wheat from the chaff.

Jack   What?

Benny   Pretty obsolete wheat, though. But not to worry.

Jack   Can I ask you a question?

Benny   Can you ask me a question?

Jack   Yes.

Benny   What is friendship, Jack? What is friendship but the ongoing and unrestrained permission, given freely by one man to another, to ask any fucking question under the sun, without a moment's notice?

Jack   So can I?

Benny   Fire away.

Jack   Do you like me?

Benny   I adore you.

Jack   No, seriously.

Benny   Yes, yes, Jack. I like you.

Jack   So you don't think I'm . . .

Benny   What?

Jack   Strange.

Benny   Strange?

Jack   You know, weird, odd, mental.

Benny   Och, no. Never. Not a bit of it.

Jack   Really?

Benny   You're a wee bit shy.

Jack   That's true.

Benny   And a little prone to fly off the handle, as you indicated yourself.

Jack   Yes.

Benny   But other than that you're fine.

Jack   Thank you.

Benny   More than fine. You're monumental.

Jack   That's very kind of you.

Benny   You worry too much.

Jack   I do.

Benny   And your mother worries about you too.

Jack   What's she been saying?

Benny   Now now.

Jack   What, what has she been saying?

Benny   A little prone to fly off the handle, remember?

Jack   I'm sorry.

Benny   So if I tell you, will you keep calm?

Jack   I'll try.

Benny   You must promise.

Jack   I promise.

Benny   Good.

Pause. **Benny** *drinks. He opens a can for* **Jack** *and puts it into his hand.*

Benny   If I say something that's upsetting to you, just take a nice big swig, OK?

Jack   All right.

Pause.

Benny   Your mother has asked me to use my influence with the NHS to get someone to take a look at you.

Jack   What?

Benny   A psychiatrist.

Jack   No.

Benny   Your mother thinks you've got an untreated mental disorder and she'd like you checked out by a shrink.

Jack   She can't.

Benny   Have a drink.

Jack   She's no right.

He is shaking.

Benny   Have a drink.

Jack *does.*

Benny   More power to your elbow.

Jack *drinks again.*

Benny   But this in itself is nothing to worry about.

Jack   You won't, you won't do it.

Benny   I won't do it, of course not.

Jack   Please.

Benny   Trust me, Jack, I won't.

Jack   That evil bitch.

Benny   Jack, you're no to be calling your mother names. Or slapping her about the place either.

Jack   She deserves it.

Benny   It will only make her more determined to have you put in a hospital.

Jack   Hospital?

Benny   She thinks you would benefit from a period of detention on a psychiatric ward.

Jack   She said this to you?

Benny   She confided in me, yes.

Jack   And what did you say?

Benny   I said I thought you were fine.

Jack   But I am fine.

Benny   Exactly.

Jack   But . . .

Benny   Have another drink. Drink it all down.

Jack   This is unforgivable.

Benny   So she may have contacted the hospital. She may have. Because I refused to speak to them myself.

Jack   So they'll come and take me.

Benny   Of course they won't come and take you. Of course they won't. I won't let them. I give you my word.

Jack   Oh God.

Benny   The worst that could happen is that some doctor will call by to have a chat.

Jack   I'm not having a chat with any doctor.

Benny   A quick chat to show you're fine, that actually might be the best way of getting rid of them.

Jack   No chats.

Benny   Calm yourself.

Jack   I'm not speaking to anyone.

Benny   I understand.

Jack   Oh God.

Benny   Here, have another one, I've something else to tell you.

Jack   What?

Benny   Drink this.

He opens two more cans.

Jack   What else did she say?

Benny   Cheers.

Jack   Benny, please.

Benny   Come on, drink.

Jack *does.*

Benny   Ready?

Jack   Yes.

Benny   Calm?

Jack   Yes.

Pause.

Benny   Your mother, she gave me a certain look.

Scene Nine

Benny, *with a bowl of water, a mirror, a razor and shaving cream. He wets his face, applies the cream and takes up the razor.* **Jack** *watches him, silently.*

Benny   But what's the point? I mean, what's the fucking point? Scrape it all off just to start again tomorrow. A man's face is a wound, to be hacked at every day, so that, greyer and coarser, by the time he's dead, his skin is the bristled hide of some hideous beast.

It's only the ritual that makes it seem human. The hot water, the sharp blade, the frothing white detergent. Downward strokes, over scars and bruises, and all the ugly little hairs flushed away from the blushing naked chin.

Such beautiful blue eyes, Benny.

Windows, looking into the corpse.

He whistles. He finishes shaving. He wipes his face. He looks in the mirror. He spits at his reflection. He looks at **Jack** *and smiles.*

Ever had a girlfriend, Jack?

Jack   No. No, I . . . No . . .

Benny   There's nothing as gratifying as the look on a woman's face when you're fucking the living daylights out of her.

Jack   I don't . . .

Benny   Young or old, it doesn't matter.

Jack   It's not . . . no . . .

Benny   The look of fear when you ram it inside. Wonderful.

Pause.

Scene Ten

Eve *and* **Jack**.

Eve   Where's that gobshite lurking?

Jack   He's gone to buy some fuses.

Eve   And what would he be wanting with fuses?

Jack   He's helping me. He's a helpful kind of man, isn't he? Wants to be useful, wants to pull his weight.

Eve   He's a bloated filthy tick, sucking your blood. That's what he is.

Jack   He told me you've got anorexic hysteria.

Eve   Oh, he's a doctor now, is he?

Jack   He knows about things.

Eve   He knows a hopeless poor mug when he sees one.

Jack   We've got important work to do. It doesn't matter what you think.

Eve   Charming.

Jack   It'll only be for a few more days.

Eve   And you have his word on that, do you?

Jack   You'd rip anything to shreds, wouldn't you? It's good to have the odd visitor.

Eve   Is that why you've spent all of your adult life cowering in a corner, pushing the world away, because you were waiting for Benny to bestow his favour on you?

Jack   I don't have to discuss everything with you.

Eve   I just don't want history repeating itself. I don't want to have to deal with all that again.

Jack   Benny likes me.

Eve   That's what you thought last time.

Jack   Benny spoke to me. He initiated . . . it's so different.

Eve   He'd have wheedled his way into the life of any poor fucker that was passing.

Jack   He chose me.

Eve   Only because he could see what a prize eejit you are.

Jack   That's enough.

Eve   He's probably stolen the tenancy agreement and sold it for a few cans of lager.

Jack   I won't rise to your bait. Or if I do I'll give you a hiding you won't forget.

Eve   I've heard that phrase before.

Jack   Shut up.

Eve   He used to say it to you.

Jack   Shut up.

Eve   You've learned something, at least.

Jack   Don't.

He puts his hands over his ears. Pause. **Eve** *stands and takes his hands away gently. He is shivering.*

Eve   All right now. Enough. No more arguments.

Jack   My head is pounding.

Eve   Of course it is.

Jack   I can hear it.

Eve   Hush now. There you are. Sit down next to me and let's be still.

Jack   I don't want . . . raised voices.

Eve   Hush.

Jack   I don't want voices.

Eve   It will all be fine and settled and calm.

Jack   Why can't there be quiet?

Eve   There will be.

Jack   Why can't there always be quiet?

Eve   There will be.

Jack   Just silence, like cold water, running through.

Eve   Poor Jack.

Jack   I'm tired.

Eve   And all the trouble melting now, and all the horrors gone.

Jack   Yes.

Pause.

Eve   Let me see those nails.

She takes his hands in hers.

I'd say it's time for a cutting.

Jack   Yes.

Eve   Would you like that?

Jack   I would yes.

Eve   Time for a cutting, so.

Jack   Shoes and socks?

Eve   Oh, the feet as well.

Jack   Yes.

Eve   The feet first, why not?

He takes off his shoes and socks.

Away and get me the clippers. In the box next to the . . . yes.

Jack *fumbles on the shelf for the clippers and hands them to* **Eve**.

Eve   Now aren't we right and grand and nothing can touch us?

Jack *puts his feet in her lap. She cuts his nails.*

Eve   Look after your feet and your head will take care of itself.

Pause.

And fine feet they are, too. Elegant. To tread the world with well-attended feet, what better beginning.

Pause.

There we are now. I'll take your hands, please.

Jack *puts on his shoes and socks. He places his hands in* **Eve***'s lap.*

Eve   Oh dear, it's been a while with these.

Jack   Sorry.

Eve   Not to worry.

Jack   I haven't bitten them.

Eve   No, you've never done that. A promise well kept. And from years ago, too.

Jack   It's a nasty habit.

Eve   Well-mannered on your day. Our Jack.

Jack   Why do you . . . ?

Eve   Why do I what?

Jack   Why is . . . why . . . ?

Eve   Jack, say what's on your mind.

Jack   Have I got to go away? Is that what you want?

Eve   Jack.

She touches his face.

Jack   The doctor will come.

Eve   No.

Pause.

No, Jack. No.

Jack   But . . .

Eve   Hush. Hush now.

She finishes his nails and pushes his hands back onto his lap. They both enjoy the silence.

Benny *comes in with a bag. Pause.*

Benny   And what have you two been doing while I've been out then, eh? There's a certain conspiratorial air in here, I'd say.

Eve   We were just enjoying your absence.

Benny   I'm no such a bad old sausage, you'll see.

Jack   I've had my nails cut.

Benny   A wise precaution.

Jack   What?

Benny   The cutting of nails. Very wise. Nothing worse than long nails in a man. Unbecoming. Unhygienic.

Jack   Oh. Right.

Benny   I'm a bearer of gifts.

He indicates the bag.

Jack   Fuses.

Benny   Sharp as a samurai sword, Jack. But the fuses are in my pocket.

He fishes in his pocket and takes out the fuses.

Jack   It's a box.

Eve   A box of tricks.

Benny   It's a game.

Eve   It's all a game to you.

Benny   See if you can guess what game it is.

Eve   I'm not playing, whatever it is.

Benny   Oh, enter into the spirit. Have a guess.

Jack   You mean like a board game?

Benny   That's right, that's it. Yes, a board game.

Eve   I don't give a mouldy haggis what it is.

Benny   Will somebody guess?

Jack   Snakes and ladders?

Benny   Close. You're warm. Have another go.

Jack   Ludo?

Benny   You're closing in.

Jack   Cluedo?

Benny   No, but you're nearly there. A game of the mind.

Jack   Chess?

Benny   Not quite that intellectual.

Eve   We don't care, just open the bloody thing.

Benny   Scrabble.

The response is underwhelming.

It's a magnificent game.

Eve   Fuck off is a triple word score.

Benny   Let's have a game then, shall we?

He sets it up.

Jack   I can't play Scrabble.

Benny   Sure you can.

Jack   It doesn't agree with me.

Benny   Pick seven letters from the bag.

Jack   I haven't got the right constitution for idle pastimes.

Benny   Pick seven letters.

Jack   You've got to keep your mind focused on the things that matter.

But he picks out his letters. **Benny** *offers the bag to* **Eve**.

Eve   I'm not putting my hand in his sack.

Benny   I'll help you, then.

He sets up the letters for her.

Right, Jack, you go first.

Jack   I can't do this.

Benny   Take your time.

Jack   I haven't got the head for such arrangements.

Benny   Is there nothing?

Jack   I've only got a six-letter word.

Benny   Six letters. You should be on *Countdown*.

Jack   What's *Countdown*?

Benny   At last, a man who doesn't wet himself at the mention of Carol Vorderman.

Jack *puts down his letters.*

Benny   'Warble'. That's genius. Take more from the bag. Now then, you're next.

Eve   I'll just have the one go. Just to prove I'm not senile. But I'm doing this under protest.

She puts her letters down.

Benny   'Bastard'. Very good. And extra points.

Eve *has taken out more letters before she remembers.*

Eve   I'll play so as to stop you cheating, Jack.

Benny   Oh, Scrabble is an honest game. After all, you have to live with your conscience.

Eve   Come on, then, let's see the size of your vocabulary.

Benny   I've only got a four-letter one.

Eve   Now why doesn't that surprise me?

He puts down the letters.

Jack   'Rope'.

Eve   Oh dear, we had such high hopes.

Jack   I've got a good one.

Benny   I've no chance against a man of your intellect.

Jack   'Parsnip'.

Benny   Fantastic, Jack. Good man.

Eve   What about this?

She dives in.

Benny   Careful now, you might enjoy yourself.

Jack   That's not a word.

Eve   It bloody well is.

Jack   'Novalia'.

Eve   Get the dictionary. I'll prove it.

Benny   It's a fair word, Jack.

Eve   How would you know? The Scots have no feel for language.

Benny   I'm just bowing to your superior knowledge.

Eve   Ha. I've got you both on the rack now.

She enthusiastically takes more letters. Fade.

Scene Eleven

Eve *is sleeping in her bed.* **Benny** *stands over her. He holds a pillow in his hands.*

Benny   How long would it take, Eve? How long would it take for me to snuff your life out? Your little life, with its cobwebs. What a grey world you live in. There's no light, is there. Just a wee forgotten husk, shrivelled up in a corner of the attic. I could hold a pillow over your face and with one or two shudders you'd be gone. Over the hills and far away. Fading finally to sweet nothing. Better than this, surely. Cruel to be kind, I'd say. What do you think? For who would miss you? Who would know you were dead? Not him, surely. He'd rant away at your withering corpse like Anthony Perkins himself. He'd not notice your passing. No one would. Not a soul. And you know why? There's not a hint of you to be found in the world beyond these filthy curtains. Not a trace or a glimmer. There's no you beyond the muck-smeared walls of this flat. Now why is that, Eve? Why is that, do you suppose?

Pause. By now **Eve** *is awake but lies there, frozen.*

Benny   I'd say it's because of him. I'd say it's his fault that you don't even have a fucking reflection. That's a type of theft. All your time, all your will to live, taken up with the spoon-feeding of a mental defective. What a crime, what a waste. You can't help those who cannot be saved. And he, God help us, cannot be saved.

Pause.

And you're not a bad-looking woman. No. I'm partial to the older woman, Eve. Did I tell you? No. I don't suppose I did. But this life of yours. Is there hope, some small hope, left for you? I'd say there is. No, I'd say there might be. And guess what? I'm going to help you. I'm going to help you to break free. Now there's a thing.

He throws the pillow down and sits on the end of her bed.

There was one time, I'd been on the streets for a year, maybe more, this was in Glasgow mind, with its whippings of sleet and slush, no the tropical wetlands of London. There was nothing but the Tennents then, nothing to keep you going on but the next can. Everyone I knew was a piss-and-shite dosser. It was way back, Jesus, it was centuries ago. Well. Just before Christmas, the powers that were had a sudden rush of the social conscience, so we were all swept up off our stinking arses and into the psychiatric wards, for a spot of tender loving care. Fuck me. Santa gave me a detox for the festive season. All shivering and cursing and sweating and cursing and yelling and screaming and lashing out in all directions. But these were serious fuckers. And they emptied all the alcohol out of me and replaced it with Valium and Largactil. And for a good few weeks there I was, a hopeless weeping jelly. Brain all shot to hell. No thoughts, no feelings, just paralysed yelping.

Pause.

Worst time of my life. But also, in many ways, when I look back, the best thing that could have happened. Not that I don't resent the whole flaming horde of them, doctors and nurses and social fucking workers. Not that I don't nurture my deep-rooted resentment to this day. It's just that I realised, I discovered something about myself and about all self-pitying scroungers everywhere.

Pause.

We're all worthless trickles of spit, blood and vomit, oozing into a cesspit. And that's all we are. That's all we are.

Pause.

Unless we understand that that's all we are. And if we understand that, then we can rise above some of the other worthless trickles of spit, blood and vomit and achieve something perhaps. Now maybe I have and maybe I haven't, but at least I've looked at the bare, ruthless, unconsoling shite of life and accepted that there's no soft landings or happy endings. And I needed the jolt of my life, the shame and the pain of having my skull hacked open and my whole fucking being sieved through the agony of that hideous medication. I needed that wrench, that pure fucking violence, to open my fucking eyes. And that's my point. That's my point.

Pause.

If you're to have any chance, any chance at all, then you've got to have that jolt. Can you understand me, Eve?

Pause.

Unfortunately, any jolt for you, will have the unavoidable effect of sending him over the edge.

Pause.

But, as I said, you need to break free.

Benny *unzips his fly, pushes up* **Eve**'s *nightdress and rapes her.* **Eve** *remains silent.*

Benny   Extreme measures for the age of extremes.

Scene Twelve

Still night. **Benny** *comes in to find* **Jack** *playing at his PlayStation. He has headphones on.*

Benny   Jesus wept.

Pause.

Look at you.

Pause.

Think of all the dying children who could do with your internal organs. Think of all the poor wounded fuckers who would benefit from your blood.

Pause.

Oh well. Forward unto the breech.

He takes the earphones from **Jack**.

Benny   Are you OK there, Jack?

Jack   Yes.

Benny   I heard a noise and I thought it might be you.

Jack   Yes.

Benny   Can you no sleep?

Jack   No.

Benny   Bad dreams?

Jack   Bad?

Benny   Dreams, like, nightmares.

Jack   I think maybe you should go.

Benny   It's all right. I can't sleep either.

Jack   No, I mean . . . leave the house.

Benny   I see.

Jack   I mean . . . I think it would be, yes, for the best.

Benny   What's brought this on?

Jack   I just think.

Benny   I see.

Jack   It's . . . the place isn't big enough. Not really. For three.

Benny   Seems a fair size to me.

Jack   No.

Pause.

Benny It's not a very nice thing to do to a friend, Jack.

Jack I'm sorry.

Benny To evict them.

Jack Well.

Benny To turn them out on the street.

Jack I'm sorry.

Benny But if that's what you think of me, then I'll go.

Jack My mother's too old to marry.

Benny What?

Jack She can't marry you.

Benny Of course she can't.

Jack She's too old.

Benny I agree.

Jack It wouldn't be right.

Benny No.

Jack It wouldn't be appropriate.

Benny Indeed.

Jack You can't be. You just can't.

Benny I won't.

Jack You just can't.

Benny I have no intention of marrying your mother.

Jack She . . . she . . .

Benny I don't know how you got the idea.

Jack OK.

Benny I've obviously offended you in some way. Which is not a good thing for a friend to do.

Jack   It's OK.

Benny   No, it's not OK. Me and my big mouth. Honestly, I say the first thing that comes into my head sometimes.

Jack   You don't have to go.

Benny   Maybe I don't deserve, you know, a second chance. Maybe I just don't deserve that.

Jack   No I . . . it's OK.

Benny   I'm not pretending to be a saint here, Jack. I do make mistakes. Frankly, I get on people's tits all the time.

Jack   You don't have to go.

Benny   I mean, we were getting along quite nicely, I thought, and I go and say something and I'm sorry.

Jack   It's OK. You're not like him. I see that. This is different.

Benny   Who's that?

Jack   Just someone who let me down. A friend. It went wrong.

Benny   We can't control everything that happens.

Jack   No, that's right. Maybe you do understand.

Benny   So do you forgive me?

Jack   Yes.

Benny   There's plenty wouldn't.

Jack   I do forgive you.

Benny   Thank you.

Jack   So you won't marry my mother?

Benny   I won't marry your mother.

Jack   That's OK then.

Benny   Good.

Jack   That's forgotten.

Benny   We'll just be lovers.

Jack   What?

Benny   Bad joke. You've got to see the funny side.

Jack   Do I?

Benny   No, OK, probably not.

Jack   Don't say things like that.

Benny   No, I won't.

Jack   I have to . . . I mean . . . I have to be able to believe you.

Benny   Of course you do.

Jack   So don't. Don't joke.

Benny   OK.

Jack   No more jokes.

Benny   No.

Jack   Not about that.

Benny   Fine.

Jack   Not about my mother.

Benny   I swear.

Jack   All right.

Pause.

Benny   So tell me, Jack.

Jack   What?

Benny   What was your father like?

Jack   My father?

Benny   Yes.

Jack   My father?

Benny   You did have one?

Jack   Yes.

Benny   Well, what was he like?

Jack   Why do you want to know about my father?

Benny   You're very prickly tonight, Jack.

Jack   But why?

Benny   Because, to get to know you better, I should find out a little about your background and so on. Your memories.

Jack   My memories?

Benny   What was he like?

Jack   He . . . I didn't like him.

Benny   Why?

Jack   He was . . . I didn't like him.

Benny   Did he hit you?

Jack   Yes.

Benny   Was he a god-forsaken drunken fuckwit with no balls and plenty of spite?

Jack   Yes.

Benny   Same as mine, so.

Jack   Yes?

Benny   Absolutely. My father couldn't have been a worse father, not if he'd taken lessons in how to make your children hate you.

Jack   That's . . . that's terrible.

Benny   Put me in hospital three times.

Jack   I don't like thinking about it.

Benny   Murderous shite that he was.

Jack   It doesn't do any good.

Benny   Talking always does good. Otherwise you become bitter. Otherwise your heart shrivels up.

Jack   I can't deal with it.

Benny   You see, you've been thinking about him every day of your life, but how often have you spoken the words? 'You're dead, Father, and I'm alive, and nothing you can do now will hurt me.'

Jack   I don't think about him. I mean, I try not to. I've shut it all down, Benny. I've shut it all down now.

Benny   Yes, and there's a price to pay for that.

Jack   Please don't . . .

Benny   Now listen, Jack, there's a huge void isn't there, an empty space inside, you've only bad memories of the man, only hatred. Well, we can't change that. He was supposed to be your dad but instead he was just a cunt.

Jack   Yes.

Benny   OK, but that doesn't mean that these values, these missing virtues, can't be found somewhere, found somewhere for you.

Jack   What are you saying?

Benny   I'm saying that strength, support, understanding, leadership, comfort, gentleness, love . . . I'm saying that they are not for ever lost to you. That's what I'm saying, they can be found.

Jack   How?

Benny   In friendship, Jack. And in just living in the world. Living with other people.

Jack   I don't see how.

Benny   You have to have faith.

Jack   Faith?

Benny   Yes – not religious faith, not all that bollox, but faith in the basic goodness of humanity. Even if you've never known it, even if you've never been blessed. All the great things, about people, all of them, can always be uncovered. I'm saying that a life can always change, Jack. It can always change for the better.

Jack   I'm not sure.

Benny   When did you last cry?

Jack   I don't know.

Benny   Well now, crying is a good therapy.

Jack   I don't know.

Benny   When did anyone last hold you in their arms and comfort you?

Jack   I can't remember.

Benny   You need to grieve, Jack.

Jack   Do I?

Benny   You need to grieve for your father, for your childhood, for your life. You need to weep and keen and release the pain. Do that and you can be free. Do that and you can start again.

Jack   I can never start again.

Benny   Am I your friend, Jack?

Jack   I don't know.

Benny   Come on, you can do better than that.

Jack   I don't . . .

Benny   Am I your friend?

Jack   Are you?

Benny   No, you have to answer.

Jack   You . . .

Benny   Come on now, Jack, am I your friend?

Jack   I think so.

Benny   Are you not sure?

Jack   No.

Benny   I'm your friend, Jack.

Jack   OK.

Benny   I'm your friend.

He puts his arms round **Jack** *and holds him. Long pause.*

Scene Thirteen

Benny *stands over* **Eve** *again. He unzips his fly. He pulls off her covers. Hold. Blackout.*

Scene Fourteen

Morning. **Jack** *is trying to spoon cereal into* **Eve**. **Eve** *is clutching the urn with her husband's ashes.*

Jack   Got to try. Got to try and try and try. Never mind dreams. Never you mind. I said don't you mind the dreams. I said never. Try, try.

Eve *just stares.*

Jack   And now she won't say anything. Not a word. Not a word now. No words. Just nothing. Just sitting. Just sitting there and nothing. That's all.

He tries again.

Don't eat, won't eat. Can't eat, won't eat, don't eat. Nothing. Must eat. Don't die. Please don't. Not now. Nothing. Don't die. Ha, won't die, can't die. Just sitting. Sitting there. That's all.

He hits his head with his fist.

And all because they're looking on. Still looking on, looking in, looking through. And the work is not finished and the work is not done. Lazy Jack, sleeping in the sun. No food, no words, no work. Nothing.

He hits his head again.

Got to swallow it down. Uncomfortable. Not to be enjoyed. Just to be taken. Like medicine. Like medicine when you're sick. When you're sick.

He tries to force the food into **Eve**. *She gags.* **Benny** *comes in.*

Benny   Jesus, Jack what're you trying to do? Are you trying to kill her? Is that it?

Jack   Can't eat, won't eat, must eat, don't die.

Benny   Is there something wrong, Jack?

Jack   Must eat.

Benny *takes the bowl from* **Jack** *and puts it down.*

Benny   She's tired. She needs rest.

Jack   It's morning. It's breakfast.

Benny   Aye, well, but she doesn't want any, Jack.

Jack   I can't just, I can't just, I just can't.

Benny   Did you not get any sleep, Jack?

Eve *undoes the urn and pours the ashes all over herself.* **Jack** *and* **Benny** *look at each other.*

Jack   Pornography.

Benny   Is there something worrying you?

Jack   The TV, the cameras, the windows and the doors. Eyes. Ears. Magnets. Electricity. Work.

Benny   You need something to calm you down, Jack.

Jack   Bastards. Why can't they let us . . . why can't . . . why?

Benny   We'll have to get you something.

He goes off to the kitchen. **Jack** *hits himself.*

Jack   Wake up, wake up. Up now. Don't die. Don't cry.

He starts to rock. **Benny** *comes back in.*

Benny   Jesus, is there no drink in this house?

Jack   Whores, pimps, tarts, cunts, cocks, and all of it on film.

Benny   God man, you're in a bad way.

Jack   Pornography in surveillance. Surveillance in pornography. Too many magnets.

Benny   We have got to get you to the off-licence, Jack. Half a bottle of gin, maybe. Gin's good for emergencies. Fuck-all good for anything else.

Jack   Coming down the wires. All the time. Pornography. Electric pornography, made at the same time as the electricity. Delivered all at the same. That's what's happened. Everything happens at the same. Everything happens. Time.

Benny   Jack, I'll come clean.

Jack   No.

Benny   I've a confession to make.

Jack   No.

Benny   I've got to be frank.

Jack   No forgiveness.

Benny   What?

Jack   No.

Benny   I'll have to borrow money.

Jack   No forgiveness.

Benny   Have you got any?

Jack *hits himself again.*

Benny   Jesus Christ.

He searches **Jack***'s pockets. He finds a twenty-pound note.*

Benny   This'll have to do. Come on.

He pulls **Jack** *up.*

Benny   We're going out, we're going to get you . . . seen to.

Jack   Can't leave.

Benny   She'll be fine. They're only ashes. She needs a rest.

Jack   No forgiveness.

Benny   Shut up, Jack.

He pulls **Jack** *out. They exit.*

Pause.

Eve   Memories have no assistance here. When I speak there's only a desperate echo. I'm out of touch with the world.

Nothing I recall is accurate any more. What is the difference between a dream and a real event, when you're locked away in the shadows?

The dust settles on my dead days. The emptiness whispers, forget . . . But I can't remember to forget, and so the time still brings me murmurs from the past. And I can't sift them now for the truth. I can't ask questions of fragments. I can only hold out my grey hands and collect the ash.

Perhaps there was never a time when Jack was well. Perhaps he was never happy and never free.

But I'm choosing to ignore it if that was so. I want the days on the beach and the laughter and the tears of an ordinary child. I want the blessing of his birth and the holding of him and the feeding and the clothing of him. I want that bundle of events to be searched now, searched for evidence of normal life.

The thrills and the joys, the pain and the ache of normal life. Because that was what it was. I was a mother and he was my child and we walked down the street hand in hand. And the world did not curse or spit at us then.

I don't want, I don't need the perfect moment. When all was contentment and the sweet light kissed us. No special image from a treasure trove. No golden, heart-stopping minute of bliss. I don't need that, I'm not asking for that.

I think it's the memory of love. The day in, day out persistence of love. Nothing spectacular, nothing exceptional. To reach back and sense what it felt like then, to be alive and in the world and with a child you love. And to think that love too fades away. Love dies, love is crushed, like everything, by the weight of experience and time.

I don't know what I feel now. I don't know if I feel at all.

You can't really piece it together. What happened to him, what happened to me. There are glimpses, of course, along the way, of different possibilities, different outcomes. Untaken chances, missed opportunities.

But here we are, no question where. The destination was failure. It all ended badly. And we don't get to try again.

Never mind. Never mind.

At least we all get to die. And there's a great equality in that.

She dies.

Scene Fifteen

Night-time. **Eve** *lies on the bed.* **Benny** *is slumped in the corner, drunk.* **Jack** *is finishing up on wiring sets of motherboards to the light switch.* **Benny** *appears to be caught up in the wiring.*

Benny   Isn't it simply wonderful to give yourself over to excess?

Jack   I've just got some work to finish.

Benny   Where did you get this ridiculous puritan ethic from?

Jack   I think I've got the knack of wiring now.

Benny   That's marvellous.

Jack   Just the simple stuff.

Benny   Good things come to he who waits.

Jack   Just enough for what's necessary.

Benny   That's all you need.

Jack   You sound very drunk.

Benny   Well, what's wrong with that?

Jack   Nothing.

Benny   You see, you can let yourself go from time to time. With im-fucking-punity. The way to happiness is through alcohol to the great wonders of the ever-expanding universe.

Jack   Is that right?

Benny   It is, aye.

Jack   Can I ask you a question, Benny?

Benny   Ask and ye shall receive, my son.

Jack   Is there life after death?

Benny   Fuck, no. It's only half-wits, hippies, cunts and the Pope that believe in that shite.

Jack   That's a shame.

Benny   Why do you ask?

Jack   Well, I've been thinking about death.

Benny   You morbid wee fucker.

Jack   I thought about death before.

Benny   Many do, gloomy wankers.

Jack   History does repeat.

Benny   What?

Jack   The same things. They keep happening. Over and over.

Benny   Eternal return.

Jack   And the really sad thing. Do you know what the really sad thing is?

Benny   No, what would that be?

Jack   Everyone always lets you down in the end. Everyone.

Benny   I disagree.

Jack   It's too late.

Benny   What's too late?

Jack   It's too late for you.

Benny   What?

Jack *flicks the light switch and electrocutes* **Benny**. *He switches it off again.*

Jack   Are you dead?

Pause.

Benny? Benny? Are you dead?

Pause.

Are you really dead?

He goes and prods **Benny** *with his foot.*

Jack   This is murder, you know.

He kicks **Benny** *in a frenzied attack.* **Jack** *falls over exhausted. He gets up and goes back to the light switch. He turns it on. No movement from* **Benny**. *He rushes off to the kitchen and comes back with a knife. He stabs* **Benny** *repeatedly. He spits on him. He pulls down his pants and urinates on him.*

Jack   The most important thing in the world is family.

He pulls up his pants and addresses **Eve**.

Jack   Isn't that right, Mum?

He gets no reply and goes to **Eve**. *He strokes her hair.*

Jack   Mum.

Pause.

Oh.

He tries to wake her up gently. He kisses her brow. He stands up. He hesitates. He starts to mumble. He walks back and forth. He goes to his mother. He tries to wake her again. He busies himself for a few minutes trying to tidy the place. He stops.

No.

He moves about again. He gets stuck. He looks like a mechanical toy stuck in a corner. He moans. He shouts. Suddenly he has an idea. He searches for a book. It is a frantic search. Eventually he finds what he is looking for. He reads falteringly from the book.

And so the children came out of the cave and into the light. It was high summer on the beach, just as it had been when they disappeared, over a lifetime ago. The afternoon sun made their eyes hurt. And, amazingly, it was the very same minute of the very same day they had first entered the cave. Yet in their minds and in their hearts, those years and years had passed. That is the magic of time. In one world, it stands still; in another it flies. How many worlds are there? The children did not know. But what they did know was always to listen, for the thousands of futures which may call to us.

He starts to hum. He keeps to the same note at first, then very slowly, as his humming gets louder, his voice goes up and down. We may be expecting a scream or a sob, but this doesn't happen, just the humming, getting louder and louder. He covers his face. Gradually the humming subsides. Suddenly there is a loud pounding on the door. Pause. Another pounding. **Jack** *is terrified. He gets up and looks around. He grabs his favourite PlayStation games and sits, clutching them to him. He rocks back and forth as the pounding continues.*

Lightning Source UK Ltd.
Milton Keynes UK
13 March 2010

151322UK00004B/15/P

O Espiritismo,
a Magia
e as 7 Linhas de
Umbanda

Leal de Souza

O Espiritismo, a Magia e as Sete Linhas de Umbanda

Sumário

Prefácio (pág. 5)

Introdução original (pág. 7)

I. Explicação inicial (pág. 9)

II. Os perigos do espiritismo (pág. 11)

III. As subdivisões do espiritismo (pág. 14)

IV. A transfusão do pensamento (pág. 15)

V. Os médiuns curadores (pág. 17)

VI. Materialização (pág. 21)

VII. O copo, a prancheta, a mesa (pág. 26)

VIII. Fenômenos de materialização e efeitos físicos
espontâneos (pág. 29)

IX. A cura da obsessão (pág. 32)

X. O falso espiritismo (pág. 34)

XI. O baixo espiritismo (pág. 36)

XII. A feitiçaria (pág. 39)

XIII. A macumba (pág. 41)

XIV. A magia negra (pág. 43)

XV. A Linha Branca de Umbanda e Demanda (pág. 47)

XVI. Os atributos e peculiaridades da Linha Branca (pág. 52)

XVII. O despacho (pág. 57)

XVIII. As Sete Linhas Brancas (pág. 61)

XIX. A Linha de Santo (pág. 66)

XX. Os protetores da Linha Branca de Umbanda (pág. 68)

XXI. Os Orixás (pág. 71)

XXII. Os guias superiores da Linha Branca (pág. 74)

XXIII. O Caboclo das Sete Encruzilhadas (pág. 76)

XXIV. As Tendas do Caboclo das Sete Encruzilhadas (pág. 80)

XXV. A Tenda Nossa Senhora da Piedade (pág. 83)

XXVI. A Tenda de Nossa Senhora da Conceição (pág. 85)

XXVII. A Tenda Nossa Senhora da Guia (pág. 88)

XXVIII. As festas da Linha Branca (pág. 90)

XXIX. Os que desencarnaram na Linha Branca (pág. 93)

XXX. O auxílio dos espíritos na vida material (pág. 96)

XXXI. O kardecismo e a Linha Branca de Umbanda (pág. 98)

XXXII. A Linha Branca, o catolicismo e as outras religiões (pág. 104)

XXXIII. Os batizados e casamentos espíritas (pág. 107)

XXXIV. A instituição de Umbanda (pág. 110)

XXXV. O futuro da Linha Branca de Umbanda (pág. 112)

★★★

Todo conteúdo original (em português; 1933) é de autoria de Leal de Souza e se encontra em domínio público.

Texto revisado segundo as regras do Acordo Ortográfico da Língua Portuguesa de 1990. Alguns termos caídos em desuso foram substituídos por sinônimos mais atuais.

Organização: Rafael Arrais | Prefácio por Douglas Rainho

Esta é uma edição de Textos para Reflexão
Para conhecer outras obras, visite o blog:
textosparareflexao.blogspot.com

Design e diagramação: Ayon
Composto com Bembo e Georgia
Copyright © 2019 por Rafael Arrais (KDP Print v1.0)
Todos os direitos reservados (apenas para a edição)

Prefácio

A Umbanda veio dar voz aos espíritos que não podiam se manifestar, contudo também trouxe muitas novas informações, estas que se encontravam espalhadas e sem uma unidade em seus ensinos.

Leal de Souza, então contemporâneo do fundamentador da Umbanda, conseguiu com sua sagacidade e capacidade de observação captar nuances nunca dantes explicadas sobre o processo ritualístico da Umbanda trazida pelo Caboclo das Sete Encruzilhadas.

Um livro que é um verdadeiro tesouro, tido como primeiro livro sobre Umbanda propriamente dito, nos traz informações preciosas até mesmo para os dias atuais. Sempre que me questionam sobre um livro para começar os estudos eu indico *O Espiritismo, a Magia e as Sete Linhas de Umbanda*; contudo o livro não é só indicado para iniciantes, encerrando muitas informações importantes também para quem já está avançado no trabalho umbandista.

Leal de Souza foi precioso em seus apontamentos, indo desde o trabalho dado como espírita até as manifestações puramente características de terreiro. Passa ainda pela Obsessão, pela Feitiçaria, pela diferenciação entre a Magia Negra e a Linha Branca, nos trazendo o que havia de mais necessário para dar embasamento a quem estava procurando estudo no advento da Umbanda da Tenda Espírita Nossa Senhora da Piedade.

Hoje, em domínio público, essa obra está ao alcance de todos e permanece atual. Convido você leitor a não só ler para se informar, mas também manter esse livro como um guia de consulta na sua cabeceira. Ele será indispensável em toda sua jornada espiritualista.

Recomendo também a deixar-se inebriar pela linguagem acessível, fácil e pontual, sem perder a riqueza da escrita, de Leal de Souza.

Não deixemos que o grande escritor que deu início a toda essa farta literatura umbandista que temos a disposição seja relegado ao esquecimento ou taxado como alguém ultrapassado.

Leal de Souza é um pilar sustentador, e assim como em uma edificação, sem as suas colunas principais toda a obra fica frágil e pode ceder.

Conheça a Umbanda como vista em seu início "padronizado" e descubra ou redescubra o caminho da Umbanda sempre iluminado pelo lema: "Humildade, Caridade e Simplicidade".

Douglas Rainho é autor do livro *Conhecendo a Umbanda Dentro do Terreiro*, idealizador do blog *Perdido em Pensamentos* e apresentador do podcast *Papo na Encruza*.

Introdução original

Em sua edição matutina de 8 de novembro de 1932, o *Diário de Notícias*, da Capital Federal [então o Rio de Janeiro], anunciou:

A larga difusão do espiritismo no Brasil é um dos fenômenos mais interessantes do reflorescimento da fé. O homem sente, cada vez mais, a necessidade de amparo divino, e vai para onde o arrastam os seus impulsos, conforme a sua cultura e a sua educação, ou para onde o conduzem as sugestões do seu meio. E o que se observa em nosso país assinala—se, igualmente, nos Estados Unidos e na Europa, atacados, nestes tempos, de uma curiosidade delirante pela magia.

Mas em nenhuma região o espiritismo alcança a ascendência que o caracteriza em nossa capital. É preciso, pois, encará—lo com a seriedade que a sua difusão exige.

No intuito de esclarecer ao povo e as próprias autoridades sobre os cultos e as práticas amplamente realizadas nesta cidade, o *Diário de Notícias* convidou um especialista nesses estudos, o Sr. Leal de Souza para explaná—los, no sentido explicativo, em suas colunas.

Esses mistérios, se assim podemos chamá—los, só podem ser aprofundados por quem os conhece, e só os espíritas os conhecem. Convidamos o Sr. Leal de Souza por ser ele um espírito tão sereno e imparcial que, exercendo o cargo de redator—chefe de *A Noite*, nunca se valeu daquele vespertino para propagar a sua doutrina e sempre apoiou com entusiasmo as iniciativas católicas.

O Sr. Leal de Souza já era conhecido pelos seus livros quando realizou o seu famoso inquérito sobre o espiritismo, *No mundo dos espíritos*, alcançando grande êxito pela imparcialidade e a indiscrição com que descrevia as cerimônias e fenômenos então quase desconhecidos de quem não frequentava os centros espíritas.

Depois de convertido ao espiritismo, o Sr. Leal de Souza realizou durante seis anos, com auxilio de cinco médicos, experiências de caráter científico sobre essas práticas, e principalmente sobre os trabalhos dos chamados caboclos e pretos.

O Sr. Leal de Souza, nos seus artigos sobre *O Espiritismo, a Magia e as Sete Linhas de Umbanda*, não vai fazer propaganda, porém elucidações, mostrando—nos as diferenciações do espiritismo no Rio de Janeiro, as causas e os efeitos que atribui as suas práticas, dizendo—nos o que é e como se pratica a feitiçaria, tratando não só dos aspectos científicos, como ainda da Linha de Santo, dos Pais de Mesas, do uso de defumados, da água, da cachaça, dos pontos, em suma, da magia negra e da branca.

Esperamos que as autoridades incumbidas da fiscalização do espiritismo, muitas vezes desaparelhadas de recursos para diferenciar o joio e o trigo, e o povo, sempre ávido de sensações e conhecimentos, compreendam, em sua elevação, os intuitos do *Diário de Notícias*.

Na próxima quinta—feira, iniciaremos a publicação dos artigos do Sr. Leal de Souza, sobre *O Espiritismo, a Magia e as Sete Linhas de Umbanda*.

É a primeira série desses artigos, escritos diariamente ao correr da pena, que constitui esse livro.

I. Explicação inicial

O espiritismo não é clava para demolir, é uma torre em construção, e quanto mais se levanta tanto mais alarga os horizontes e a visão de seus operários, inclinando—os à tolerância, pela melhor compreensão dos fenômenos da vida.

Como nos ensina o seu codificador, o espiritismo não veio destruir as religiões, porém consolidá—las e revigorar a fé, trazendo—lhes novas e mais positivas demonstrações da imortalidade da alma e da existência de Deus.

As religiões, sabemo—nos todos, são caminhos diversos e às vezes divergentes, conduzindo ao mesmo destino terminal. O indivíduo que abraça com sinceridade uma crença e cumpre, de consciência reta, os seus preceitos, está sob a assistência de Deus, pois mesmo as regras que aos seus contrários parecem absurdas ou degradantes, como a confissão, no catolicismo, ou a benção solicitada aos pais de terreiro, no espiritismo de linha, revelam um grau de humildade significativo de radiosa elevação espiritual.

Seria negar a Deus os atributos humanos da inteligência e da justiça o fato de admitirmos que o Criador fosse capaz de desprezar ou punir as suas criaturas porque não o amam do mesmo modo, orando com as mesmas palavras, segundo os mesmos ritos.

Deus não tem partido e atende a todos os seus filhos de onde quer que o chamem, com amor e fé; parta a prece do coração de um cardeal, ajoelhado na glória suntuosa de um altar, ou saia da oração do peito de um sertanejo, caído no silêncio pesado da selva. Os homens são quem escolhem, pela sua cultura ou pelas tendências de cada alma, em seus núcleos de evolução, a maneira mais propícia de cultuar e servir a Divindade.

Com estas ideias, é claro que não venho provocar polêmicas, e seria desconhecer os intuitos do *Diário de Notícias*, ou aventurar—me a propaganda agressiva dos meus princípios. Pretendo, nestes artigos, esclarecer, tanto quanto permitam os meus conhecimentos, práticas amplamente celebradas nesta capital, estabelecendo diferenciações, para orientação popular, e mostrando a importância de coisas que, parecendo ridículas, são, com frequência, sérias e até graves.

Pois que tratarei também, e, principalmente, do espiritismo de linha, na fórmula da Linha Branca de Umbanda:

salve a quem tem fé;
salve a quem não tem fé.

II. Os perigos do espiritismo

Os perigos atribuídos ao espiritismo são mais aparentes do que reais.

A perturbação ou desequilíbrio nervoso causado pelo receio de ver fantasmas desaparece com a frequência de comparecimento às sessões, onde o trato com os desencarnados habitua as manifestações de sobrevivência da alma, repondo-as na ordem das coisas naturais. Mas as sessões nem sempre despertam aquele receio, e conforme a natureza da reunião, algumas delas, empolgando pela beleza ou surpreendendo pelo exotismo das cerimônias, não inspiram mesmo a quem as assiste pela primeira vez, ideia de morte, ou cemitério, tampouco pensamento em duende ou defunto.

Em relação à loucura, não conheço um só caso determinado pela frequência de visita a centros espíritas. Conheço, e são numerosos, os casos de loucos que, tendo sido levados às sessões, não ficaram curados e foram internados nos hospícios com sendo vitimas do espiritismo. Desprezaram-se, para isso, todos os antecedentes para dar realce, com ânimo combativo, ao efêmero contato desses doentes com os médiuns.

Não se deve confundir a loucura com a obsessão. A loucura é consequência de uma lesão, ou a resultante do desequilíbrio de funções orgânicas. A obsessão é, através de diversas fases, a ação de uma entidade espiritual sobre um individuo encarnado, visando prejudicá-lo.

Essa influência começa por uma simples aproximação, que se torna lesiva pela qualidade dos fluidos lançados pelo agente sobre o paciente; passa, depois, a atuação, e a inteligência deste se ressente das sugestões daquele; então atinge, com frequência, a posse, em que o obsedado se submete a um domínio estranho, e não raro a sua personalidade se afunda e desaparece, sendo substituído, em seu corpo, sem ruptura dos elos essenciais a existência material, o seu espírito por outro espírito.

A obsessão que se confunde com a loucura não é determinada pelo espiritismo, e só o espiritismo pode curá—la. É fora dos recintos espíritas, no ambiente livre à ação de todas as entidades, que as pessoas possuidoras de predicados mediúnicos, e também as que não os possuem, são dominadas pelos obsessores que as levam para os hospícios, se não as socorre a caridade dos espiritistas.

Certas pessoas fazem leituras espíritas no isolamento, e, sofrendo abalos que lhes despertam forças psíquicas adormecidas, sentem angústias, anseios e/ou perturbações aflitivas. Para esse estado há tratamentos de eficácia quase imediata.

Em algumas sessões, quando se intensifica o trabalho de natureza fluídica, os indivíduos que se iniciaram nelas experimentam, segundo a sua constituição, uma sensação esquisita de mal—estar; porém, os trabalhadores do espaço, e mesmo os da Terra, facilmente os acalmam, harmonizando—lhes os fluidos com os do ambiente.

Alarmam—se as famílias, observando a agitação dos doentes espirituais nos dias em que devem comparecer as sessões, mesmo quando ignoram que vão assisti—las. Isso representa e exprime a reação das entidades que o molestam, empenhando—se em impedir—lhes o acesso a um lugar onde elas serão reprimidas e afastadas.

Também depois do tratamento, já liberto dos obsessores, o reintegrado em si mesmo cai em mole prostração e necessita, muitas vezes, revigorar-se com tônicos, porque o seu organismo se ressente da ausência de fluidos alheios, do mesmo modo que se perturba com a supressão do álcool o organismo de um alcoólatra.

Perigos reais no espiritismo só os há para os médiuns que se desviam da vida social e cometem erros conscientes. Esses, perdendo a assistência dos espíritos protetores, ficam sendo espelhos em que se refletem todos os transeuntes.

III. As subdivisões do espiritismo

O espiritismo no Rio de Janeiro, como em toda parte, varia em modalidades, dividindo−se em ramificações.

Possuímos, nesta capital, centros ligados pela orientação e pelos ritos à tradição dos velhos tempos egípcios. Temos as diversidades das lojas teosóficas, a que faço, com simpatia, estas referências receosas, pelo dever de constatar a sua existência, pois muitos teosofistas não gostam de ser confundidos com os espíritas. Contam−se, também, institutos moldados com adaptações locais sobre antigos modelos indianos.

O espiritismo científico, com o rigor integral de suas pesquisas, é o menos cultivado na antiga capital do Brasil, certamente pelos pendores religiosos de nosso povo.

O kardecismo, que reputa os seus aderentes serem os únicos praticantes da doutrina como originalmente pregada por Allan Kardec, igualmente varia, sem restrições, em seus processos e práticas. Há centros representativos da intransigente pureza do espiritualismo sem liga, e os há revestidos de altiva nobreza intelectual, junto dos muito humildes, constituídos dos chamados pobres de espírito.

IV. A transfusão do pensamento

O ativo labor dos centros espíritas, sendo variado, é consagrado uniformemente, ao menos em intenção, ao bem estar e a felicidade do próximo.

Fazem—se, em certas sociedades, e, sobretudo em algumas entroncadas no velho Oriente, concentrações telepáticas coletivas, sempre com objetivos elevados, tendo em vista efeitos determinados.

Denominam—nas, algumas vezes, mentalizações, noutras vezes, volições; não raro, volatilizações; e na maioria dos grêmios, concentrações.

Consistem elas em transmitir a dada pessoa, com o fim de influir beneficamente em sua conduta, uma onda forte de pensamento, muitas vezes carregada de magnetismo, que a envolva, sugerindo—lhe primeiro, e conduzindo—a depois, às realizações dos atos julgados necessários à sua felicidade, ou a de outrem.

Assim, num agrupamento reputado entre os adeptos do espiritismo, consagra—se uma sessão semanal diurna à "harmonia dos lares", procurando, durante duas horas, por meio dessas correntes telepáticas, reajustar os elos de união dos casais em desentendimento.

Talvez haja quem não acredite na eficácia desse generoso esforço, mas a minha impressão, baseando—se em pacientes observações, é que são muitíssimos os casos em que os transmissores obtêm êxito completo, e numerosos aqueles em que conseguem atenuar dissídios e desavenças domésticas.

Com as mesmas designações, e mediante o mesmo processo, procura—se reabastecer de fluidos, à distância, um indivíduo de forças psíquicas depauperadas.

Neste caso, as mentalizações são comparáveis a transfusão do sangue, pela qual um indivíduo sadio concorre fraternalmente para a restauração de um enfermo, e quem as faz também se despoja, em benefício do próximo, de energias necessárias ao equilíbrio de seu organismo. Os praticantes das mentalizações, porém, fazendo—as coletivamente, não se exaurem, e com facilidade (ajudados, às vezes, pelos seus guias, mediante o simples repouso das horas noturnas) readquirem os fluidos com que acudiram o irmão abatido e prostrado.

Aliás, em todos os centros, ocorre diariamente esse fenômeno da transfusão de energias psíquicas aos débeis e doentes, pois na maioria dos casos, os passes são, sem que o saiba com clareza quem os dá, uma satisfação [ou equalização] da pobreza enfermiça de uns com a abundância saudável de outros.

E não só nos centros, é principalmente nos lares que se opera, nos transportes do carinho materno, esse milagre de transfusão. Junto ao leito dos filhos atingidos pelas moléstias, as mães, no desesperado receio de perdê—los, desprendem de seu organismo poderosas ondas de fluidos magnéticos, que os envolvem e completam a ação dos remédios.

V. Os médiuns curadores

A quase totalidade das crianças revela portentosos predicados mediúnicos, porém só uma pequena minoria de adultos é constituída de médiuns. Assim, na quase totalidade dos indivíduos, a mediunidade se embota precocemente. Devemos, porém, considerá-las uma faculdade concedida à generalidade das criaturas humanas, em grau diferente, dependendo do seu aproveitamento das circunstâncias adversas ou favoráveis de cada existência.

Parece, a primeira vista, que para defender e conservar a mediunidade deveríamos desenvolvê-la na meninice. A experiência e os guias ensinam o contrário, pois o desenvolvimento em tenra idade perturba e compromete o organismo em constituição. As crianças, antes dos 12 anos, não devem ser admitidas nas sessões que não sejam de preces, ou doutrinação, pois nas outras, basta o reflexo dos trabalhos pra lhes abrir a mediunidade; e, portanto, prejudicá-las.

Entre os médiuns, os mais conhecidos e procurados são, naturalmente, os curadores e os receitistas. Médiuns receitistas têm a especialidade de servirem mais facilmente de intérpretes aos espíritos para as prescrições médicas. Importa não os confundir com os médiuns curadores, visto que absolutamente não fazem mais do que transmitir o pensamento do espírito, sem exercerem por si mesmos influência alguma.

A Medicina os combatem e a Justiça os perseguem. Sem examinar, nestes escritos, os direitos daquelas, e as razões desta, direi apenas que a mediunidade curativa se exerce em nome da caridade e não pode ter por objetivo negá−la aos médicos, tirando−lhes, como concorrente gratuita, os recursos de subsistência.

Logicamente, dentro da doutrina, deveriam recorrer aos médiuns curadores, em primeiro lugar, os pobres destituídos de meios para remunerar o clínico profissional; depois os enfermos julgados incuráveis; e, por fim, os crentes cuja fé exigisse o tratamento espiritual.

Sob esse critério, a caridade continuaria a ser feita, conforme as necessidades reais dos doentes; não seria o médico atingido nos seus privilégios, nem a ciência perderia o estímulo monetário ao progresso.

Os médiuns curadores receitam por intuição, audição, incorporação, ou mecanicamente. Os intuitivos, em face do doente ou do seu nome, recebem do espírito que o examina a indicação telepática do medicamento a ser aplicado; os outros a ouvem. Nos médiuns de incorporação é o próprio espírito quem diretamente escreve ou dita a receita ao consulente. Nos mecânicos é ainda o espírito que lhes toma e domina o braço para escrever.

Aqueles que muitas vezes se enganaram em diagnósticos e tratamentos não admitem equívocos em receitas mediúnicas; e, geralmente, não os há nessas prescrições, pois só alcançam permissão para o exercício da medicina os espíritos em condições de não prejudicar os enfermos com erros e deficiências. Os receitistas do espaço muitas vezes são médicos que na vida terrena restringiram a clínica; e, por consequência, aos benefícios provenientes dela.

A perseguição oficial contra o receituário mediúnico produziu um efeito imprevisto: o desenvolvimento, sem possibilidade de repressão, da terapêutica fluídica, ministrada, se assim se pode dizer, pela ação direta das entidades espirituais sobre os organismos enfermos.

É grande, elevadíssimo, o numero de médicos que professam o espiritismo. Muitos são médiuns e receitistas; os outros muitas vezes recorrem àqueles medianeiros, considerando—os consultores. Entre os médicos não espíritas muitos admitem e até constatam as curas operadas mediunicamente. Alguns frequentam os centros espíritas no desejo de estudar os processos com que se restauram pessoas por eles reputadas incuráveis.

A um desses clínicos acompanhei, por algum tempo. Curioso, avidamente observando os trabalhos, ele dizia, em face dos resultados obtidos:

— Eu acho isso tudo absurdo, mas devo estar errado, porque no fim dá certo.

No terceiro mês de suas investigações, descobriu que tinha qualidades de médium, e quis aproveitá—las, na esperança de facilitar as suas pesquisas. Começou a receber espíritos. Eu marcava, no relógio, a hora de sua incorporação e a da desincorporação. O maior período foi de uma hora e vinte minutos. Ao reintegrar—se em sua personalidade, perguntou—me:

— Que fiz nessa hora? Não me lembro. Parece—me que estive dormindo, mas estou cansado. O meu protetor trabalhou?

— Trabalhou, e brilhantemente.

Sério, o médico considerou:

— Pode ser que ele faça maravilhas, mas desde que o faça com o meu corpo, e sem o meu conhecimento, não me serve a companhia.

E então acrescentou:

— Os espíritos são egoístas, não revelam o que sabem. Aqui não se aprende nada. Deixo a Tenda e deixo o espiritismo.

E confessou, num sorriso:

— Estou quase arrependido de ter emprestado o meu corpo. Receio que esse ilustre defunto possa empoleirar-se no meu lombo, sem o meu consentimento, e faça truques que me comprometam.

Foi dissipado esse receio.

VI. Materialização

O estudo científico do espiritismo, com objetivo experimental, não deve ser feito em locais onde se realizem trabalhos espíritas de outra natureza. Sei, por experiência própria, que nos centros de caridade os resultados dessas tentativas são mais ou menos precários, pois os espíritos chamados sofredores invadem o recinto e perturbam as observações, sem que a finalidade dos centros permita afastá-los. Todos os pesquisadores que no Brasil chegaram à constatação positiva dos fenômenos de materialização efetuaram suas experiências em instalações especiais.

O ilustre médico Dr. Oliveira Botelho, ministro da Fazenda no último governo constitucional, viu operar-se diante de seus olhos a ressurreição transitória de uma de suas filhas, por ele conduzida ao cemitério. Também foram consagradas pelo êxito pleno certas experiências realizadas sob a fiscalização rigorosa do sábio engenheiro Dr. Américo Werneck, algumas das quais eu mesmo assisti.

O Dr. Werneck mandara preparar instalações adequadas à fiscalização, gradeando-as a ferro. Coube-me, de uma feita, a incumbência de exercer [a fiscalização]. Abri e fechei a única porta de acesso ao recinto, conservando comigo a chave; introduzi na sala as outras pessoas convidadas para a reunião; examinei o camarim destinado à retenção do médium, a mesa e as seis cadeiras existentes na sala.

Para não dar caráter religioso à reunião, o Dr. Werneck não fez a prece inicial das sessões espíritas, limitando—se a pedir aos crentes que fizessem uma breve oração mental. Entramos no recinto, sob a minha fiscalização, seis pessoas além do médium, e meia hora depois éramos doze, sendo que as seis que eu não introduzi moviam—se a maneira de sombras hercúleas, falando entre si. Duas delas em seguida assumiram proporções normais de estatura. Pergunto—lhes [através do] diretor dos trabalhos se lhes seria possível fazer ressoar o teto da sala e, imediatamente, por cima de nossas cabeças estrondearam golpes fortes, repetindo—se por muitas vezes. Aproximando—se do lugar onde eu me achava, observou uma das sombras de contornos humanos:

— Está com medo que lhe roube a chave.

Eu apertava, de fato, por dentro do bolso, a chave da porta da sala de experiências...

Dissipados esses fantasmas, ocorreu o fenômeno principal da noite. Uma pulverização lactescente de luas cintilou na escuridão da sala, traçando, à medida que se condensava em desenho nítido, uma figura humana, até que se transformou, ante nossos olhos, numa linda mulher moça, de longos cabelos soltos, vestindo um roupão branco rendado.

Era, disseram—nos, a esposa do Dr. Werneck falecida aos 25 anos — e não deixava de ser emocionante a sua aparição, na plenitude da mocidade, ao lado do esposo septuagenário.

— A Judith tinha um caminhar embalado, disse um dos assistentes, habituado as materializações desse espírito.

— Judith, ande um pouco, pediu o engenheiro.

E, num círculo de luz espiritual, que a tornava plenamente visível, a ressurreta percorreu a ampla extensão do recinto, agitando em ondulações a brancura de suas vestes; e como eu era um dos presentes que não assistira as suas materializações anteriores, ela acercou—se de mim.

– Veja. Será a mão de uma morta? – e tocou—me na mão.

Era morna. Louvei as rendas de seu vestuário, e ela, erguendo o braço em curva graciosa, estendeu—as; a da manga, [colocou—a] sobre as minhas mãos:

– Pode ver. São antigas.

Ousei insinuar:

– Como seriam as sandálias, no seu tempo...?

– No meu tempo eram chinelas – respondeu; e caminhando até a mesa existente no fundo da sala, voltou [com] um pequeno jarro e um copo.

Ofereceu e serviu água a todos os assistentes, trocando frases com eles; e, depois de cumprimentar—nos, avisando que se retirava, repôs o jarro e o copo na mesa, e começou a desvanecer, desfazendo—se até enfim desaparecer.

Também no Estado do Pará, em Belém, antes das [materializações] desta capital, verificaram—se e foram até oficialmente constadas em atas assinadas pelo presidente e pelo chefe da polícia do Estado, admiráveis materializações alcançadas com a médium Anna Prado. Testemunhou—as também, e descreveu—as, o Sr. M. Quintão, que fez uma viagem ao norte para observá—las e viu um espírito materializado modelar a mão em cera de carnaúba; cera quente.

Os guias que trabalham com o Dr. Werneck, disse—me este, eram enviados de João, o espírito que trabalhava com D. Anna Prado. Deve, pois, haver analogia entre as materializações desta capital e as de Belém, que o Sr. M. Quintão assim descreve:

A ansiedade do auditório era grande, [pairava um] profundo silêncio, quando alguém exclamou:

— Eis o fantasma, a desenhar—se no canto da câmera escura, à direita. Não o vê?

Não víamos...

— Olhe agora, ali, no outro canto, junto à parede.

De fato, no canto indicado a nossa frente, oscilava como que um lençol, uma massa branca, que se foi condensando; e resvalando—se, surgia na parede — não havia três metros da câmara ao lugar em que eu me encontrava —; chegando ao ponto em que já o esperávamos com dois baldes [de cera] e uma garrafa com aguarrás, destinada a temperar a cera para a confecção dos moldes e flores.

O fantasma, cada vez mais nítido, insinua—se bem perto, em frente aos baldes. Fixamo—lo a vontade: era um homem moreno, orçando pelos seus 40 anos, trazendo a cabeça um capacete branco; pelas mangas largas de amplo roupão também branco, saiam—lhe as mãos trigueiras e grandes. Já os pés, nós não conseguíamos discerni—los.

Chegou, cortejou, apalpou os baldes, ergueu com a mão direita o que continha a cera quente e, com a esquerda, elevou a garrafa de aguarrás à altura do rosto, como que dosando o ingrediente. Depois, se arriando o balde, como para confirmar o seu feito, arrastou—o no chão, produzindo o ruído característico natural. Os seus gestos e movimentos eram perfeitos, naturais, humaníssimos, como se ali estivesse uma criatura humana. Isto posto, afastou—se e conservou—se a um canto da câmara escura, enquanto do outro canto surgia uma menina de seus treze anos, que se deu o nome de Anitta.

Assim, tivemos uma dupla manifestação. Visíveis ao mesmo tempo, João, um homem, e Anitta, uma quase criança, enquanto ouvíamos repetidamente o médium suspirar na "câmara escura".

Dessa forma o Sr. M. Quintão descreve largamente as atitudes e as ações dos fantasmas, nessa e em outras reuniões.

De algumas das materializações verificadas em Belém, tiraram—se fotografias, mediante uma fórmula especial, constante do livro *O trabalho dos mortos* do Senhor Nogueira de Faria.

Como se sabe, o espírito se materializa com os fluidos do médium. Entrando este em transe, começa a constituição do fantasma, e ao passo que a sua forma se acentua, o médium como que se extenua; às vezes respirando em haustos e, não raro, exalando suspiros quase angustiosos.

Os guias desses trabalhos exigem que não se aperte a mão, nem órgão algum do espírito materializado, porque imediatamente o médium se recente e com frequência adoece.

VII. O copo, a prancheta, a mesa

Os fenômenos de efeitos físicos são vulgares, sendo facilmente verificáveis em qualquer ambiente, porém nos centros espíritas cariocas eles são estudados apenas esporadicamente, por um ou outro pesquisador ocasional.

Quase todas as famílias, ainda as que não são espíritas, conhecem e não raro efetuam as experiências do copo, da prancheta, ou da mesa.

As duas primeiras se assemelham. Escreve−se o alfabeto em círculo, destacando−se cada letra, e ao centro da roda se coloca o copo, de vidro ou cristal, sempre pequeno, ou a prancheta, e sobre aquele, em contato leve, um dedo, ou sobre esta, a mão.

O espírito, por incorporação incompleta, ou pela posse e domínio parciais dos órgãos necessários, impulsiona o braço do médium, conduzindo o copo ou a prancheta às letras precisas para a formação das palavras tradutoras do seu pensamento. Mas o mais aconselhável, por dar menos motivos às dúvidas, é o espírito operar somente com os fluidos do médium, que pode ficar de olhos fechados acompanhando−o; porém, com o braço, os movimentos do copo ou da prancheta que lhe levam a mão, orientando−a [até as palavras].

Mas, em circunstâncias favoráveis, sendo homogênea a corrente de pensamento, a prancheta e o copo se movem e deslocam, atingindo as letras, sem nenhum contato das mãos do médium.

Uma ocasião em nossa casa, a conselho de um espírito, para atenuar a perturbação de uma pessoa de nossa família, fizemos uma experiência vulgar com uma pequena mesa de três pés, e como o exercício se tornou monótono, irritamo—nos e tentamos trabalhos mais difíceis, sem grande confiança em seu resultado.

Adaptamos um lápis a uma caixa de fósforos, perfurando—a; pusemos esse engenho sobre uma folha de papel e o médium abriu as mãos por cima do lápis, encaixado, sem tocá—lo, a um palmo de altura. Em menos de cinco minutos, ouvimos a caixa estalar, como se comprimissem, e vimo—la, em seguida, mexer—se; e, fazendo pressão sobre o lápis, escrever: "Com Deus".

Nas experiências com a mesa, geralmente a volatilização dos fluidos do médium se faz pela região do plexo solar e, sem perder a ligação com o aparelho humano, se condensa numa coluna que se apoia no solo e sobe, levantando a mesa. A energia desses fluidos, conforme a constituição do médium, alcança a sua potencialidade máxima num período que varia entre cinco e quinze minutos.

Quando fiz pesquisas dessa natureza para estudar os trabalhos fluídicos dos espíritos que se apresentam como sendo de caboclos e pretos, obtive demonstrações interessantes:

— Sabeis — perguntou—me uma vez o guia — que no corpo humano há um elemento, propriedade, essência, ou fluido, que desintegrado dele tem mais força do que o próprio organismo integrado?

— Teoricamente – respondi.

Então um dos médiuns chamou uma moça franzina, de 21 anos, e mandou—a colocar as mãos sobre uma mesa para dezesseis pessoas, que em menos de dez minutos se elevou a altura tal que o médium, para não perder—lhe o contato, teve de erguer os braços e ficar quase na ponta dos pés.

Concluída essa fase da prova, o guia mandou o mesmo médium levantar a mesa com os braços, naturalmente; e a senhorita, não obstante os seus esforços, só conseguia alçar—lhe numa das cabeceiras, ou um dos lados, mas nunca o todo.

Grawport, na Irlanda, conseguiu que os espíritos extraíssem o fluido de um médium, para pesá—lo. Postos, este numa balança e aquele em outra, a que recebia os fluidos acusou o peso de 28 quilos e a do médium assinalou em seu peso uma diminuição correspondente; mas a experiência foi suspensa porque o paciente começou a sofrer angústias e aflições, com ameaças de vertigem.

O transporte de objetos de um para outro lugar, através de distâncias variadas, e que não tive oportunidade de estudar convenientemente, é feito, segundo os espíritos, mediante um processo de desmaterialização e "rematerialização".

VIII. Fenômenos de materialização e efeitos físicos espontâneos

Os fenômenos chamados de efeitos físicos e os de materialização, que tantos cuidados e precauções exigem nos recintos especiais, ocorrem muitas vezes espontaneamente, em locais impróprios e ambiente desfavorável, sem corrente que os auxilie.

Já os verifiquei, em circunstâncias variadas. Uma noite, para citar um caso de minha observação pessoal (embora feita por acaso), achando-me a escrever num quarto onde dormia um médium, ouvi um ruído e, olhando em torno, vi que se abriam as portas de um guarda-roupa e que de dentro saía, sem que ninguém o movesse ou tocasse, um daqueles formidáveis volumes contendo reproduções [fac-símiles] dos documentos da Independência do Brasil e mandados públicos pela prefeitura do Rio de Janeiro. O livro, que estava encostado ao fundo do móvel, por detrás de duas caixas de chapéus, saiu sem as deslocar e foi recostar-se a uma parede, onde ficou até a manhã seguinte. Como e por que aconteceu isso?

Vai para alguns anos, o ilustre jornalista Horácio Cartier, que prefaciou as minhas reportagens sob o título *No mundo dos espíritos*, levou-me a um cavalheiro que testemunhava fenômenos impressionantes. Solteiro, o senhor em questão, morando com irmãs também solteiras, na Rua Real Grandeza, perto do cemitério de São João Batista, foi obrigado a mudar-se, porque em sua residência, durante horas mortas e sem que as portas se abrissem, apareciam pessoas estranhas.

Transferindo-se para uma rua situada nas vizinhanças do túnel do Leme, foi também forçado a buscar outra morada, porque os mesmos fenômenos se repetiam na nova casa.

Vi-o, com o meu amigo, num prédio de sua propriedade, na Rua dos Andradas, onde funcionou por muitos anos – disse-nos ele – uma pensão alegre de mulheres. Contou-nos, então, que as coisas pouco haviam mudado com a última mudança. Frequentemente, na hora das refeições, um braço de mulher, desnudo e alvo, com pulseira, os dedos cheios de anéis, aparecia na mesa; e, suspenso no ar, como se fosse de uma pessoa que ali estivesse sentada, retirava uma flor de um vaso, e se evaporava, deixando-a cair. Disse-nos que era vulgar o aparecimento de mãos delicadas segurando a cortina que separava a sala de jantar da de visitas e que uma ocasião sentiu-a correr por inteiro, e viu uma formosa mulher, muito branca, num luxuoso vestido de baile, emoldurada nos batentes sem portas.

O médium solitário constatava com serenidade os fenômenos; e, ao verificá-los, assegurou, não sentia a mais leve sombra de medo. Porém, naquele tempo ele andava aborrecido e contrariado, porque debaixo de seu leito rangiam e se arrastavam correntes que ninguém conseguia ver, mas que não o deixavam dormir.

O depoente era um homem discreto e reservado, de alta responsabilidade no comércio, e não me permitia relatar o seu caso, tendo entrado em contato comigo na esperança de que eu lhe fornecesse elementos para encontrar a explicação dos fenômenos fora do espiritismo. Ele não acreditava em espíritos.

Os fatos por ele narrados, iguais a outras centenas que enchem os livros, indicam que nem sempre é necessário produzir-se no médium o transe, ou o sono hipnótico, para que se realize a materialização.

IX. A cura da obsessão

Cura–se a obsessão, nos centros kardecistas, branda e lentamente, mediante a doutrinação do obsessor; e, como este frequentemente tem numerosos companheiros, o doutrinador tem de multiplicar os seus esforços.

O obsessor, quando se atirou a pratica do mal, usou do livre arbítrio concedido por Deus a todas as criaturas; e o kardecista, no seu rigor doutrinário, procura demonstrar–lhe o erro, encaminhando–o para a felicidade. E, nesse elevado empenho, discute, ensina, pede, até enfim convencê–lo.

O obsessor sempre resiste e cede demoradamente. Por isso, e para restaurar as forças físicas do obsedado, o kardecista, paralelamente à doutrinação, faz um tratamento de passes. Assim, cura o paciente e ao mesmo tempo regenera o agente do malefício.

Na Linha Branca de Umbanda, o processo é mais rápido. O kardecista é um mestre; o filho de Umbanda é um delegado judiciário. Entende que pode usar do seu livre arbítrio para impedir a prática do mal.

O espírito, o protetor, é quem se incumbe da cura na Linha Branca de Umbanda. Inicialmente, verifica o estado fisiológico do enfermo, para regular o tratamento, dando–lhe maior ou menor intensidade. Em seguida, aconselha os banhos de descarga, para limpeza dos fluidos mais pesados, e o defumador para afastar elementos de atividade menos apreciável. Investiga, depois, a causa da obsessão, e se a encontra na magia, realiza imediatamente o trabalho propiciatório de anulação – igual ao que determinou a moléstia. Frequentemente, basta esse trabalho para libertar o obsedado, que fica por alguns dias em estado de prostração.

Se a causa da doença (permitam-me o vocábulo) era antiga e o doente não se refez logo, e nos casos que não são ligados a magia, o protetor afasta o obsessor, manda doutriná-lo, e se o rebelde não se submete é levado para regiões, ou estações do espaço, de onde não pode continuar a sua atuação maléfica.

Não raro, quando o obsedado não assiste à sessão em seu benefício, o protetor, atraindo-o durante o sono por um processo magnético, traz o seu espírito à reunião, e incita-o a reagir contra os estranhos que desejam dominá-lo; além disso, mostra-lhe que não está louco e que deve provar, com a sua conduta, a sua integridade mental.

À medida que os obsessores são afastados, para que o organismo do paciente não se ressinta da falta dos fluidos que lhe são retirados, fazem-se lhe passes; e, finda a sua incumbência, com a restituição do paciente a si mesmo, pede-lhe o protetor que procure qualquer médico da Terra ou do espaço, para seguir um tratamento reconstituinte, se a obsessão o depauperou.

X. O falso espiritismo

Alguns consideram falso espiritismo o que se pratica fora de certas regras ou moldes, e como os processos variam nos diferentes centros, e cada grupo julga o seu método ótimo e legítimo, esse critério restritivo restringiria o espiritismo verdadeiro a quatro ou cinco núcleos, que cada qual dos crentes diria ser o seu, e os de sua predileção.

Em meu conceito, o falso espiritismo tem duas faces: a deturpação da doutrina e o fingimento sistemático de manifestações de espíritos. Ajustam—se essas duas faces num só rosto, constituindo a fisionomia dos exploradores que enganam e roubam os ingênuos ou ignorantes.

Há profissionais dessa exploração. Indivíduos audazes, e quase sempre de uma ignorância carregada, dizendo—se em comunicação com espíritos, tecem histórias em torno do que lhe contam os consulentes e, desorientando—os, inventam cerimônias complicadas a que atribuem efeitos mágicos correspondentes aos objetivos de quem as paga. Às vezes, os fatos em desdobramento, independente da influência do embusteiro, coincidem com as suas promessas; e logo a sua fama se alastra, consolidando a sua reputação.

Esses impostores podem chegar ao espiritismo por duas vias: alguns possuem predicados mediúnicos e desenvolvendo—os, sem que o sintam, no esforço enganador de suas práticas, acabam sob o domínio de espíritos que os conduzem ao resgate, ou os convertem em instrumentos terríficos, conforme a categoria dessas entidades. Os outros, que não são médiuns, terminam encontrando—se com um desses aparelhos humanos e, por intermédio dele, entram em contato com espíritos que, elevados ou não, sempre conseguem submetê—los aos seus fins.

Os exploradores vivem, pois, entre duas ameaças, a da Terra e a do espaço; a da polícia, que os encarcera, e a do espírito, que lhes quebra a vontade, escravizando—os. Tais criaturas raramente chegam à regeneração numa só existência, e desencarnaram na situação de miséria moral proveniente de sua atividade.

Há médiuns que se equiparam aqueles negociantes de mistérios, exercendo, por dinheiro, faculdades de que só se devem utilizar gratuitamente em benefício do próximo; porém, se esses transviados persistem em seu comércio e são abandonados por seus protetores, caem sob o poder de espíritos capazes de invalidá—los na sociedade, e que, às vezes, os obrigam a retornar aos centros, para lhes serem arrancados e afastados os novos [espíritos] atuantes de sua mediunidade.

Certos médiuns mistificam por fanatismo: quando o espírito, por qualquer causa, não se aproxima, ou não incorpora, receiam que os assistentes da cena percam a crença ou não se convertam ao espiritismo; e; para que isso não aconteça, comprometem ao mesmo tempo a sua doutrina, o espírito e o seu nome, com um ato lamentável de fingimento. Outros, por vaidade, cometem essas tristes mistificações, sendo sempre desmascarados, pois o médium não é capaz de produzir o que o seu protetor produz.

Alguns erram sem a intenção deliberada do embuste, por simples curiosidade: ouvem dizer que o seu guia fez este ou aquele trabalho de beleza ou resultado excepcional, e, na primeira sessão, sob o desejo de ver o que os companheiros admiraram, não permitem ao trabalhador a incorporação completa, e prejudicam o seu labor.

XI. O baixo espiritismo

Enquanto os homens não atingirem um grau uniforme de cultura, não poderá haver uniformidade de processos e de objetivos nas assembleias espíritas constituídas por elementos da Terra e do espaço, segundo os princípios da lei das afinidades, visando às necessidades desiguais das criaturas humanas.

Uma sessão espírita de médicos não pode ser igual a uma de estivadores, mas só porque os médicos pairam em esfera intelectual mais elevada, não seria justo privar os estivadores do consolo sentimental e das vantagens morais do espiritismo.

Meter os trabalhadores na reunião dos sábios seria deslocá-los de seu meio, e até incompatibilizá-los com a doutrina, pois nesse ambiente o seu ensino e explanação seriam feitos através de conhecimentos e vocábulos inacessíveis à inteligência dos operários.

É certo que as sessões espíritas não se organizam por classes sociais, porém, os indivíduos de diversas categorias que as constituem ligam-se mais ou menos entre si pelas afinidades.

É preciso ainda considerar que a cultura moral e a intelectual nem sempre andam juntas. Em geral, nas reuniões reputadas de baixo espiritismo, pela humildade de seus componentes, como pela ingenuidade de seus processos, o ambiente moral é de pureza translúcida.

A inteligência e o saber dos espíritos incumbidos da assistência a uma comunidade são sempre infinitamente superiores a mentalidade do grupo; mas o guia, para eficiência e frutificação de seu apostolado, transige e se harmoniza com os educandos.

Se os irmãos reunidos em nome de Deus, pela fraqueza da inteligência, por hábito mental, e até por motivos metafísicos, não podem conceber o espírito puro e exigem o ponto de referência da imagem, o guia lhe faculta, mandando erguê-la e reverenciando, no local da reunião, o que ela representa. E assim também se dá no tocante a linguagem, adulterando-a, para que a compreendam; e em tudo o mais.

O Estado não tem interesse em combater esses humildes centros, porque a doutrina que neles se prega, no relativo aos poderes materiais, é da obediência absoluta à lei e à autoridade, mandando dar a César o que é de César.

Acredito que o interesse dos espíritas que se reputam superiores também não esteja em agredir e desmoralizar essas modestas agremiações, mas em entrar em convívio amistoso com o seus membros, ensinando-lhes através da conversação o que eles ignoram, e também aprendendo o que eles sabem.

Tenho encontrado nesses pobres centros almas iluminadas... Um dia, na estação do Méier, estava caído e ensanguentado na rua um pobre homem. Em sua volta, passava uma multidão apressada, com pessoas de todas as classes, olhando-o e deixando-o em seu abandono. E eu, que também passava, olhei-o e deixei-o como os outros.

Mas eis que chamaram alto o meu nome. Era um quarentão moreno, de bigodinho, a camisa aberta mostrando o peito suado, os instrumentos de trabalho enrolados no casaco debaixo do braço. Eu não o conhecia.

— Vamos levar este irmão para a farmácia — disse-me com confiança e naturalidade.

Levamo-lo, a farmácia era perto, mas eu fiz um grande esforço: o ferido era pesado. Entregamo-lo ao farmacêutico. O trabalhador perguntou-lhe:

— Precisa de nós?

— Não. Vou socorrê-lo até que venha a assistência. Já telefonei para o posto.

— Então, vamos ganhar a vida.

Vendo realizar-se a parábola do Evangelho, perguntei ao desconhecido quem lhe ensinara o meu nome. Disse-me que me vira num centro paupérrimo fazendo uma conferência.

E noutra ocasião, numa assembleia de humildes, quando terminei um discurso sobre a ignorância de certos presidentes de núcleos espíritas, o guia dos meus ouvintes, tomando o seu aparelho, apenas disse:

— Quando Jesus escolheu os seus discípulos, não os procurou entre os doutores, mas entre os humildes.

O baixo espiritismo não é o dos humildes, é o dos perversos, que o praticam por dinheiro, vendendo malefícios.

XII. A feitiçaria

Além dos muitos outros cientistas, Grawford, professor de mecânica aplicada da Universidade de Belfast, provou com pacientíssimas experiências que o corpo humano possui uma propriedade, ou fluido, que se exterioriza, e conseguiu fotografá-lo, exteriorizado.

O coronel Albert de Rochas, conhecido sábio francês, no seu livro sobre a *Exteriorização da Sensibilidade*, e em diversas obras, enumera experiências comprobatórias daquelas. Conta ele que, exteriorizada a sensibilidade de uma senhora e transportada para uma cadeira, passando—se a mão sobre o assento desse móvel, a senhora enrubesce num movimento de pudor. Acrescenta que, em prova semelhante, roçando—se com a ponta de um alfinete a sensibilidade exteriorizada, agitou—se o paciente num gemido, ao mesmo tempo em que sua epiderme se assinalava o traço contundente do alfinete.

É sobre essa propriedade, fluido ou sensibilidade suscetível de exteriorizar—se, que o feiticeiro geralmente atua para atingir a personalidade humana, podendo influir sobre o pensamento, causar moléstias, provocar a morte, e até beneficiar o organismo.

O feiticeiro trabalha sem ou com o auxílio de espíritos de sua categoria, dotados de formidável poder de atuação física e favorecidos pela invisibilidade, que os torna clandestinos.

Essas entidades são, frequentemente, colaboradoras espontâneas dessas práticas, e por isso muitas pessoas, sem que o pretendam, cometem atos análogos aos da feitiçaria, pois atraem com pensamentos vigorosos esses auxiliares intangíveis, que logo se transformam em agentes de vontades hostis ao próximo.

Tal hostilidade, assim como a força ativa da inveja, sobretudo a oculta, e o ódio, principalmente o calado, não raro causam danos reais, sem que os seus cultivadores os manifestem em ações materiais.

Assim, qualquer indivíduo pode descer a essas práticas, que nos casos vulgares não exigem conhecimentos especiais, bastando atenção, muita atenção, para realizá-las. Quem as efetua, porém, se expõe a perigos, pois se o dardo que lançou encontra resistência e é repulsado: retorna, com redobrada violência, contra quem o arremessou.

Quando o praticante se aventura a cometimentos que se aproximam da magia, que é regulada por uma liturgia conhecida de determinadas entidades imateriais, multiplica-se aquele perigo, pois às vezes um erro de aparente insignificância desencadeia no espaço forças que o punem com o esmagamento.

O feiticeiro é um trabalhador empírico. Desconhece as causas, em seus fundamentos, e conhece os efeitos, em seus resultados.

XIII. A macumba

A macumba se distingue e caracteriza pelo uso de batuques, tambores e alguns instrumentos originários da África.

Essa música, bizarra em sua irregularidade soturna, não representa um acessório de barulho inútil, pois exerce positiva influência nos trabalhos, acelerando, com as suas vibrações, os lances fluídicos.

As reuniões não comportam limitações de hora, prolongando-se na maioria das situações até o alvorecer. São dirigidas sempre por um espírito, invariavelmente obedecido sem tergiversações, porque está habituado a punir os recalcitrantes com implacável rigor.

É, de ordinário, o espírito de um africano, porém também os há de caboclos. Os métodos, seja qual for a entidade dirigente, são os mesmos, porque o caboclo aprendeu com o africano.

Os médiuns que ajudam o aparelho receptor do guia da reunião, às vezes, temem receber as entidades auxiliares. Aquele ordena-lhes que fiquem de joelhos, dá-lhes um copo de vinho, porém com mais frequência, puxa-lhes, com uma palmatória de cinco buracos, dois alentados bolos.

Depois da incorporação, manda queimar-lhes pólvora nas mãos, que se tornam incombustíveis, quando o espírito toma posse integral do organismo do médium.

Conhecendo essa prova e seus resultados quando a incorporação é incompleta, apassivam-se os aparelhos humanos, entregando-se por inteiro aqueles que devem utilizá-los.

Os trabalhos que, segundo os objetivos, participam da magia, ora impressionam pela singularidade, ora assustam pela violência, ora surpreendem pela beleza. Obrigam a meditação, forçam ao estudo, e foi estudando-os que eu cheguei a outra margem do espiritismo.

XIV. A magia negra

Despindo—se, através dos tempos, de sua imponente pompa litúrgica, a Magia Negra conserva, por toda parte, a quase totalidade de seu poder terrífico de outrora.

Como a Branca, que lhe é adversa, a Magia Negra opera com as forças da natureza, com as propriedades de produtos da fauna e da flora do mar, de corpos minerais, de vegetais de vísceras e órgãos animais, com elementos do organismo humano, e com atributos ou meios só existentes nos planos extraterrestres – sempre visando a conquista de seus objetivos. A sua influência atinge as pessoas, os animais e as coisas.

As entidades espirituais que realizam esses trabalhos possuem sinistra sabedoria, recursos verdadeiramente formidáveis, e energia fluídica aterradora.

Um desses espíritos tem se prestado à experiências, não só diante de conhecedores do espiritismo, como perante pessoas de brilho social nos círculos da elegância. Assim, tomando o seu aparelho, isto é, incorporando—se ao seu médium, faz triturar com os dentes, sem ferir—se, cacos de vidro; caminha, de pés descalços, sobre um piso de fundos de garrafas quebradas – sendo que, por duas vezes, convidados levaram as suas próprias garrafas e as quebraram, aguçando lâminas pontudas para o passeio do médium.

Ele demonstrou uma vez a um grupo de curiosos da alta sociedade a importância de coisas aparentemente insignificantes. Nos centros do espiritismo de linha, pede—se, durante as sessões, que ninguém cruze as pernas e os braços. Parece uma exigência ridícula, e não o é.

Provou—o, o Exu: quando, incorporado, passeava descalço sobre os cacos de vidro, para fazer compreender a transcendência daquela recomendação, mandou que uma senhora trançasse a perna, e logo os pedaços de vidro penetraram, ensanguentando—se os pés que os pisavam.

Para comprovar a força dos pontos da magia (desenhos emblemáticos, cabalísticos ou simbólicos), produziu uma demonstração sensacional: escolheu sete pessoas, ordenou—lhes que se concentrassem sem quebra da corrente de pensamento, riscou no chão um ponto e decapitou um gato, cujo corpo mandou retirar, deixando a cabeça junto ao ponto.

— Enquanto não se apagar esse ponto, esse gato não morre e essa cabeça não deixa de miar.

Durante dezessete minutos, a cabeça separada do corpo miava dolorosamente na sala, enquanto lá fora, o corpo sem cabeça se debatia com vida. Os assistentes começavam a ficar aterrorizados. Ele apagou o ponto, e cessaram o miado gemente da cabeça sem corpo e as convulsões do corpo sem cabeça.

Tais entidades tem ufania de seu poder; são, com frequência, irritadiças e vingativas, mas quando querem agradar a um amigo da Terra, não medem esforços para satisfazê—lo. As suas lutas no espaço, por questões da Terra, têm a grandeza terrível das batalhas e das tragédias.

Essa magia exerce diariamente a sua influência perturbadora sobre a existência, no Rio de Janeiro. Centenas de pessoas de todas as classes, pobres e ricos, grandes e pequenos, por motivos de amor, por motivos de ódio, por motivos de interesse, recorrem aos seus sortilégios. A política foi e continua a ser um dos seus melhores e mais assíduos clientes.

Durante a revolução de São Paulo, essas hordas do espaço travaram embates furiosos, lançando—se umas contra as outras. As que se moveram pelos paulistas esbarraram com as que foram postas em ação em favor da ditadura; e esses choques invisíveis nos planos que os nossos sentidos não devassam, certamente ultrapassaram, em ímpeto, as arremetidas do plano material. Sobre o enraivecido desentendimento das legiões ditas negras, pairavam as falanges da Linha Branca de Umbanda e os espíritos bons e superiores de todos os núcleos de nosso ciclo, levantando muralhas fluídicas de defesa para que os governantes de São Paulo e do Rio não fossem atingidos pela perturbação; e, na plenitude de suas faculdades, medindo a extensão da desgraça, compreendessem a necessidade de negociar e concluir a paz.

Nesses dias da guerra civil, os terreiros da Linha Branca de Umbanda tinham um aspecto singular: estavam cheios de famílias aflitas, e quase desertos de protetores, pois as falanges todas se achavam no campo das operações militares, esforçando—se para atenuar a brutalidade da discórdia armada...

A atividade da Magia Negra tem três modos, que podem ser assim contrastados: a oposição de seus próprios elementos, a defesa a que se obriga a Linha Branca de Umbanda e a atuação dos Guias Superiores.

Creio que, perdendo a solene pompa do cerimonial antigo, a magia perdeu em eficiência, porque a colaboração do elemento humano pensante e sensível diminuiu. O homem que aspira ao domínio da magia necessita de aprofundar—se em estudos muito sérios, sobretudo os da ciência, para conhecer as propriedades dos corpos, e suas afinidades; e precisa, ainda, desenvolver e governar, com intransigência de ferro, as faculdades da alma, as forças físicas e as energias do instinto.

Isso não é fácil, e o praticante da magia em nosso tempo tem de subordinar-se em absoluto a vontade de um espírito que, em geral, só lhe permite um lucro mesquinho.

Nessas condições o indivíduo que se poderia chamar o mago negro cada dia se tornará mais raro; desaparecendo, pouco a pouco, o contato da humanidade com essa ordem de espíritos.

Nos centros dessa magia, conforme a finalidade das reuniões, os aparelhos humanos laboram vestidos, desnudos da cinta para cima ou totalmente despidos. Trabalha-se com entusiasmo — até para o bem, quando lhes encomendam.

XV. A Linha Branca de Umbanda e Demanda

A organização das linhas no espaço corresponde a determinadas zonas na Terra, por largos ciclos no tempo.

Atendem—se, ao constituí—las, as variações de cultura moral e intelectual, aproveitando—se as entidades mais afins com as populações dessas paragens. Por isso, o espiritismo de linha se reveste, nos diversos países, de aspectos e característicos regionais.

Nas falanges da Linha Branca de Umbanda e Demanda já se identificaram índios de quase todas as tribos brasileiras, sendo que numerosos deles foram europeus em encarnações anteriores; também pretos da África e da Bahia, portugueses, espanhóis, muitos ilhéus malaios, muitíssimos hindus.

Estudando—se as manifestações de caboclos e pretos no terreiro de Umbanda, pode—se estabelecer as diferenças raciais, distinguir as tendências das mentalidades desses dois ramos da árvore humana, surpreender os costumes de seus povos e comparar as duas psicologias.

O caboclo autêntico, vindo da mata, através de um aprendizado no espaço, para a Tenda, tem o entusiasmo intolerante do cristão novo: é intransigente como um frade, atirando a face os nossos defeitos; e até com as nossas atitudes se mete. Ouvindo queixas dos que sofrem as agruras da vida, responde zangado que o espiritismo não é para ajudar ninguém na vida material, e atribui os nossos sofrimentos a erros e faltas que teremos de pagar. Mas, em dois ou três anos de contato com as misérias amargas de nossa existência, suaviza a sua intransigência e acaba ajudando materialmente os irmãos encarnados, porque se enternece de sua penúria e deseja vê-los contentes e felizes.

O preto, que gemeu no cativeiro sob o açoite do feitor, esse não pode ver lágrima que não chore, e quase sempre sai a desbravar os caminhos dos necessitados, antes até que lhe peçam. O negro da África difere um pouco do da Bahia; aquele, na sua bondade, auxilia a quem pode, porém às vezes se irrita com os orgulhosos e com os ingratos, mas o da Bahia, em casos semelhantes, enche-se de piedade, pensando nas dificuldades que os maus sentimentos vão levantar na estrada de quem os cultiva.

A Linha Branca de Umbanda e Demanda tem o seu fundamento no exemplo de Jesus, expulsando a vergalho os vendilhões do templo. Às vezes é necessário recorrer à energia para reprimir o sacrilégio, consistente na violação das leis de Deus em prejuízo das criaturas humanas.

O homem prejudica o seu semelhante por inconsciência, ignorância ou maldade. Nos dois primeiros casos, a Lei de Umbanda manda esclarecer a quem está em erro, até convencê-lo de sua falta, impedindo-o, desde já, de continuar a sua ação maléfica. No último caso, reprime singelamente o perverso.

Para exemplificar: a polícia, com frequência, sitia e fecha centros espíritas (ou os que como tais se apresentam) e prende os seus componentes. Quando o centro, como tantas vezes tem acontecido, é da Linha Branca, o seu guia considera:

— A autoridade cometeu uma injustiça, sem a intenção de cometê-la. O seu desejo era cumprir o dever, defendendo a sociedade. Confundiu a nossa linha com a outra, tratando-nos como malfeitores sociais. Devemos procurar esclarecer os poderes públicos, para evitar confusões semelhantes.

Se a casa atingida pela perseguição policial pertencia à magia negra, o que raríssimas vezes acontece, as entidades espirituais reagem e castigam até com brutalidade os repressores de sua atividade. Há muitos ex−delegados que conhecem a causa de desgraças que os feriram na situação social na paz de seus lares.

O objetivo da Linha Branca de Umbanda e Demanda é a prática da caridade, libertando de obsessões, curando as moléstias de origem ou ligação espiritual, desmanchando os trabalhos de magia negra, e preparando um ambiente favorável as atividades de seus adeptos.

Os sofrimentos que nos afligem são uma prova, ou provação, ou provém dos nossos próprios erros, ou da maldade dos outros. Em caso de prova, temos de suportá−la até o limite extremo, e os filhos de Umbanda procuram atenuá−las, ensinando−nos a resignação, mostrando−nos a bondade de Deus, que nos permite o resgate de nossas culpas sem puni−las com penalidades eternas, descrevendo−nos os quadros de nossa felicidade futura. Se as nossas dores e dificuldades significam consequências de nossas faltas, os protetores de Umbanda nos aconselham a repará−las, conduzindo−nos com amor e paciência ao arrependimento.

No terceiro e último caso, reprimem energicamente os malvados que nos perseguem do espaço para nutrir ódios da Terra. Nas angústias de nossa vida material, os afastam de nosso ambiente, purificando−o os fluidos da inveja, da cobiça, da antipatia e da inimizade.

O tratamento da obsessão e as curas das doenças de natureza espiritual constituem os trabalhos de caridade; os demais, os trabalhos de demanda; porém, os dois são absolutamente gratuitos. Se algum médium se esquece de seus deveres e recebe dinheiro (ou coisa correspondente) pela caridade realizada pelo seu protetor, este se retira, abandonando—o à entidades que em geral o reduzem a miséria.

A hierarquia, na Linha Branca, é positiva, mantendo—se com severidade. Todos os seus dirigentes espirituais proclamam e reconhecem a autoridade de Ismael, guia do espiritismo no Brasil.

A incorporação é sempre um fenômeno complexo, que se processa mediante acidente psicológico, físico e espiritual, e tem na Linha Branca de Umbanda a expressão máxima de sua transcendência. Vulgarmente, basta que o espírito se assenhoreie dos órgãos cerebrais, vocais, e manuais, ou de todos os chamados órgãos nobres, para fazer a comunicação verbal ou escrita, e dar passes. Na Linha Branca, precisa apropriar—se de todo o organismo do médium, porque nesse corpo vai viver materialmente algumas horas, movendo—se, utilizando—se de objetos, às vezes suportando pesos. A incorporação na Linha Branca é "quase uma reencarnação", no dizer de um espírito.

Dir—se—á que todos os socorros prestados pela Linha Branca poderiam ser realizados, sem os seus trabalhos, pelos altos guias ou pelos espíritos superiores.

Ora, os espíritos de luz que baixam à Terra e se conservam em nossa atmosfera orientam falanges ou desempenham outras missões, e não contrariam, nem poderiam contrariar, desígnios em que se enquadram as funções de todos os servos da fé, grandes ou pequeninos; se em algumas situações lhes é permitido exercer a sua ação instantânea em favor de quem soube merecê—la, na maioria das circunstâncias deixam o indivíduo, pelas faltas do passado ou pelas culpas do presente, submeter—se ao que lhe parece ser uma degradação.

Estamos numa época amargurada de arrogante orgulho intelectual e insolente vaidade mundana; e assim, para arrefecer o fogo desses orgulhosos, os episódios de suas existências se encadeiam de modo a arrastá−los a implorar e a receber a misericórdia de Deus, por intermédio dos espíritos mais atrasados, ou dos que como tais se apresentam.

XVI. Os atributos e peculiaridades da Linha Branca

Os chamados atributos da Linha Branca de Umbanda e Demanda, em seu uso vulgar, causam viva impressão de extravagância ridícula as pessoas de hábitos sociais aprimorados, convencendo—as do atraso dos espíritos incumbidos de usá-los. Mas essas práticas assentam em fundamentos razoáveis. Procuremos esclarecê—las, dizendo, do pouco que sabemos, o que nos for permitido divulgar.

Antes, porém, é conveniente estabelecer e afirmar que as imagens muitas vezes existentes nos recintos das sessões da Linha Branca não representam um contingente obrigatório do culto, pois são apenas permitidas; ou, antes, significam uma concessão dos guias, tornando—se com frequência necessárias para atender aos hábitos e predileções de muitíssimas pessoas e de muitíssimos espíritos.

Quando se coloca uma imagem num recinto de trabalho, celebra—se o seu cruzamento, cerimônia pela qual se estabelece a sua ligação fluídica com as entidades espirituais responsáveis pelas reuniões. Renova—se essa ligação automaticamente sempre que há sessão, durante a qual a imagem se transforma em centro de grandes e belos quadros fluídicos.

Encaremos, agora, o assunto principal deste escrito:

Linguagem

A Linha Branca de Umbanda e Demanda tem um idioma próprio para regular os seus trabalhos, designar os seus atributos e cerimônias, e evitar a divulgação de conhecimentos suscetíveis de uso contrário aos seus objetivos caridosos. Em suas manifestações, conversando entre si, os espíritos, para não serem entendidos pelos assistentes, empregam o linguajar de cabildas [comunidades] africanas, de tribos brasileiras, das regiões onde encarnaram pela última vez.

No trato com as pessoas, excetuados os grandes guias, usam da nossa língua comum, deturpando−a a maneira dos pretos ou dos caboclos. Esses trabalhadores do espaço desejam que os julguem atrasados, afim de que os indivíduos que se reputam superiores e são obrigados a recorrer à humildade de espíritos inferiores percebam e compreendam a sua própria inferioridade.

Roupa

Usam−se, em certos trabalhos, roupas brancas, para evitar o amortecimento e a arritmia das vibrações, pelas diversidades de coloração. Pode−se acrescentar que os filhos de Umbanda aconselham o uso habitual dos tecidos claros, pelas mesmíssimas razões expressas no apelo dirigido há anos pelo clube médico desta capital, quando pediu a população carioca o abandono dos padrões escuros.

Calçados

Em certas ocasiões, trabalha−se com os pés descalços, quando não é possível mudar o calçado na Tenda, pois os sapatos com que andamos nas ruas pisam e afundam, principalmente nas esquinas, em fluidos pesados que se agitam como gases a flor do solo, e que dificultam as incorporações ou se espalham pelo recinto da reunião, causando perturbações.

Atitudes

Não se permite cruzar as pernas e os braços durante as sessões, porque, como vimos na Magia Negra, essas atitudes quebram ou ameaçam violentamente a cadeia de concentração, e assim impedem a evolução do fluido com que cada assistente deve contribuir para o trabalho coletivo; determinam, com essa retenção, perturbações físicas e até fisiológicas e impossibilitam a incorporação, quando se trata de um médium.

Ao descer de certas falanges, como em alguns atos de descarga, sacode-se o corpo em cadência de embalo, na primeira hipótese, para facilitar a incorporação, e na segunda para auxiliar o desprendimento de fluidos que não nos pertençam.

Guia

É um colar de contas da cor simbólica de uma ou mais linhas. Fica, mediante o cruzamento, em ligação fluídica com as entidades espirituais das linhas que representa. Desvia, neutraliza ou enfraquece os fluidos menos apreciáveis. Periodicamente, é lavado nas sessões, para limpar-se da gordura do corpo humano, bem como dos fluidos que se aderiram, e de novo cruzado.

Banho de Descarga

Cozimento de ervas para limpar o fluido pesado que adere ao corpo, como um suor invisível. O banho de mar, em alguns casos, produz o mesmo resultado.

Cachaça

Pelas suas propriedades, é uma espécie de desinfetante para certos fluidos; estimula outros, os bons; atrai, pelas vibrações aromáticas, determinadas entidades, e outros bebem-na quando incorporados, em virtude de reminiscência da vida material.

Fumo

Atua pelas vibrações do fogo e do aroma. A fumaça neutraliza os fluidos magnéticos adversos. É comum ver−se uma pessoa curada de uma dor de cabeça ou aliviada do incomodo momentâneo de uma chaga pelo advento de uma fumarada.

Defumador

Atua pelas vibrações do fogo e do aroma, pela fumaça e pelo movimento. Atrai as entidades benéficas e afasta as indesejáveis, exercendo uma influência pacificadora sobre o organismo.

Ponto Cantado

É um hino muitas vezes incoerente, porque os espíritos que nos ensinam o compõem de modo a alcançar certos efeitos no plano material sem revelar aspectos do plano espiritual.

Tem, pois, duplo sentido. Atua pelas vibrações, opera movimentos fluídicos e, harmonizando os fluidos, auxilia a incorporação. Chama algumas entidades e afasta outras.

Ponto Riscado

É um desenho emblemático ou simbólico. Atrai, com a concentração que determina para ser traçado, as entidades ou falanges a que se refere. Tem sempre uma significação e exprime, às vezes, muitas coisas em poucos traços.

Ponteiro

É um punhal pequeno, de preferência com cruzeta na empunhadura. Serve para calcular o grau de eficiência dos trabalhos, pois as forças fluídicas contrárias, quando não foram quebradas, o impedem de cravar-se ou o derrubam, depois de firmado.

Tem ainda a influência do aço, no tocante ao magnetismo e a eletricidade.

Pólvora
Produz, pelo deslocamento do ar, os grandes abalos fluídicos.

Pemba
Bloco de giz. Usa-se para desenhar os pontos.

Esses recursos e meios não são usados arbitrariamente em qualquer ocasião, nem são necessários nas sessões comuns. A pólvora, por exemplo, só deve ser empregada em trabalhos externos, realizados fora da cidade, ao ar livre. Nos últimos anos, os guias não têm permitido que os centros ou Tendas guardem ou possuam em suas sedes pemba, punhais ou pólvora; concorrendo, com as suas instruções, para que sejam obedecidas as ordens das autoridades públicas.

XVII. O despacho

O despacho, nas Linhas Negras, é um presente, ou uma paga, para alcançar um favor, muitas vezes consistente no aniquilamento de uma pessoa.

Quando o feiticeiro trabalha sozinho, isto é, sem o auxílio de espíritos, o despacho representa uma concentração que se prolonga por diversas fases; se foca em [elementos] auxiliares, visa atirá−los contra o indivíduo perseguido; se é da magia, contém ainda os corpos cujas propriedades devem ser volatizadas.

Assim, o despacho varia nos elementos componentes e na preparação, conforme o seu objetivo e a natureza das entidades que o realizam; e como as espirituais são materialíssimas, e de gosto abaixo do vulgar, a oferta lhes revela essas qualidades.

Pergunta−se, com espanto, se aqueles aos quais se destina a oferenda comem as oferendas que por vezes lhe são levadas. Certo, não as comem, mas extraem delas propriedades ou substâncias que lhes dão a sensação de que as comeram, satisfazendo apetites contraídos na vida terrena, ou adquiridos no espaço, pelo exemplo de outros − apetites a que se abandonaram.

O despacho exerce a sua influência de quatro maneiras: pela ação individual do feiticeiro, em contato fluídico com a vítima; pela ação das entidades propiciadas, causando−lhe exasperações, inquietando−a, atacando−lhe determinados órgãos, perturbando−lhe o raciocínio com sugestões telepáticas, dominando—lhe o cérebro, produzindo moléstias e até a morte; pelo reflexo das propriedades volatizadas e corpos usados pela magia; e, finalmente, pela conjugação de todos esses meios.

A Linha Branca de Umbanda anula esses despachos por processos correlatos. Quando se trata da atuação individual do feiticeiro, desvia o seu pensamento, deixando—o perder—se no espaço, para dar—lhe a impressão de sua impotência e evitar o choque de retorno, que lhe demonstraria que o seu esforço foi contrariado, estimulando—o a recomeçá—lo. Dá atenção às entidades em atividade prejudicial, ofertando—lhes um despacho igual ao que as moveu ao maléfico, afim de que elas se afastem do enfeitiçado, e frequentemente faz outro despacho aos espíritos das falanges brancas, mais afins com a pessoa a quem se defende, com o objetivo (este segundo despacho) de atraí—las, por meio de uma concentração prolongada, para que auxiliem a restauração mental e física de seu protegido. Volatiza as propriedades de corpos suscetíveis a neutralizar os que foram empregados pela magia. Conjuga todos esses recursos, e quando as entidades propiciadas recusam os presentes e insistem na perseguição, submete—as com energia.

Os despachos aos elementos da Linha Negra, isto é, a Exu, ao povo da Encruzilhada, são feitos nos lugares que lhe deu essa designação. Os destinados a atrair os socorros dos trabalhadores da Linha Branca, em geral simples e não raro de algum encanto poético; fazem—se alguns, tais como os de Oxóssi e Ogum, nas matas; outros, como os de Xangô, nas pedreiras; muitos, e entre esses os de Iemanjá, nas praias ou no oceano; e aqueles, a exemplo dos de Cosme e Damião, que se dirigem aos espíritos dos que desencarnaram ainda crianças, no macio gramado dos jardins e prados floridos.

Estranha—se que a Linha Branca de Umbanda, trabalhando exclusivamente em benefício do próximo, tenha, alguma vez, realizado despachos com terra de cemitério. Explica−se com facilidade a razão que a obriga, em certas circunstâncias, a esse recurso extremo:

Localiza−se nos cemitérios uma vasta massa de espíritos inconscientes, semi−inconscientes, ou tendo uma noção confusa da morte, e fazendo um conceito errôneo de sua triste situação − é o chamado povo do cemitério.

A magia negra e os feiticeiros os atraem e aproveitam para objetivos cruéis, de uma perversidade revoltante. Com frequência, quando um desses espíritos perde de todo a noção de sua individualidade, convencem−no de que ele é uma determinada pessoa ainda viva no mundo material, e mandam−no procurá−la, para tomar conta do seu corpo.

Na sua perturbação, com os fluidos contaminados de propriedades cadavéricas, ele, na convicção de ser quem não é, encosta−se ao outro, num esforço desesperado de reintegração, transmitindo−lhe moléstias terríveis, abalando−o mentalmente e até arrastando−o ao campo santo, a procura da tumba.

Para desfazer esse sortilégio, com os cuidados devidos ao espírito infeliz e a pessoa a que ele se apegou, é necessário recorrer ao meio de que lançou mão para produzir o mal: a magia negra.

Na noite das grandes meditações piedosas, quando, através de oceanos e continentes, a cristandade comemora, com sentimento uníssono, o martírio de Jesus, o Cristo, é que se fazem os mais funestos despachos macabros da banda negra. Violam−se túmulos, roubam−se cadáveres, profana−se a maternidade, em operações de magia sobre o ventre de mulheres grávidas, e uma onda sombria de maldade se alastra, espalhando o sofrimento e o luto.

A Linha Branca de Umbanda não pode cometer, mesmo na defesa do próximo, sacrilégios e profanações, e conjuga a ação combinada de suas Sete Linhas para dominar essa torrente de treva nefasta. A linha de Xangô, sobretudo, se consagra a reparação do que foi destruído, a de Iemanjá lava e limpa o ambiente, as de Oxalá e Iansã amparam os combalidos, enquanto os sagitários de Oxóssi e a falange guerreira de Ogum dominam e castigam os criminosos do espaço.

E, no entanto, o pobre filho de Umbanda templário da ordem branca, surpreendido pela polícia na hora de arriar o despacho, sofre o vexame da prisão e o escândalo dos jornais porque sacrificou o seu repouso a defesa e ao bem estar do próximo.

XVIII. As Sete Linhas Brancas

A Linha Branca de Umbanda e Demanda compreende sete linhas:

A primeira, de Oxalá.
A segunda, de Ogum.
A terceira, de Oxóssi.
A quarta, de Xangô.
A quinta, de Iansã.
A sexta, de Iemanjá.
A sétima é a linha de santo, também chamada de Linha das Almas.

Essas designações significam, na Língua de Umbanda:

A primeira, Jesus, em sua invocação de Nosso Senhor do Bonfim.
A segunda, São Jorge.
A terceira, São Sebastião.
A quarta, São Jerônimo.
A quinta, Santa Bárbara.
A sexta, a Virgem Maria, em sua invocação de Nossa Senhora da Conceição.
A linha de santo é transversal, e mantém a sua unidade através das outras.

Cada linha tem o seu ponto emblemático e a sua cor simbólica:

A de Oxalá, a cor branca.
A de Ogum, a cor encarnada [ou avermelhada].
A de Oxóssi, a cor verde.
A de Xangô, a cor roxa.
A de Iansã, a cor amarela.
A de Iemanjá, a cor azul.

Oxalá é a linha dos trabalhadores humildes; tem a devoção dos espíritos de pretos de todas as regiões, qualquer que seja a linha de sua atividade; e é nas suas falanges, com Cosme e Damião, que em geral aparecem as entidades que se apresentam como crianças.

A linha de Ogum, que se caracteriza pela energia fluídica de seus componentes (caboclos e pretos da África, em sua maioria), contém em seus quadros as falanges guerreiras de Demanda.

A linha de Oxóssi, também de notável potência fluídica, com entidades frequentemente dotadas de brilhante saber, é, por excelência, a dos indígenas brasileiros.

A linha de Xangô pratica a caridade sob um critério de implacável justiça: quem não merece, não tem; quem faz, paga.

A linha de Iansã consta de desencarnados que na existência terrena eram devotados de Santa Bárbara.

A linha de Iemanjá é constituída dos trabalhadores do mar, espíritos das tribos litorâneas, de marujos, de pessoas que perecem afogadas no oceano.

A Linha de Santo é forma de pais de mesa, isto é, de médium de "cabeça cruzada", assim chamados porque se submeteram a uma cerimônia pela qual assumiram o compromisso vitalício de emprestar o seu corpo, sempre que seja preciso, para o trabalho de um determinado espírito, e contraíram "obrigações" equivalentes a deveres rigorosos e realmente invioláveis, pois acarretam, quando esquecidos, penalidades duras e inevitáveis.

Os trabalhadores espirituais da Linha de Santo, caboclos ou negros, são egressos da Linha Negra, e tem duas missões essenciais na Linha Branca – preparam, em geral, os despachos propícios ao Povo da Encruzilhada, e procuram alcançar amigavelmente, de seus antigos companheiros [da Linha Negra], a suspensão de hostilidades contra os filhos e protegidos da Linha Branca. Por isso, nos trabalhos em que aparecem elementos da Linha de Santos disseminados pelas outras seis [linhas], estes ostentam, com as demais cores simbólicas, a preta, de Exu.

Na falange geral de cada linha figuram falanges especiais, como na de Oxóssi, a de Urubatan, e na de Ogum, a de Tranca–Rua, que são comparáveis as brigadas dentro das divisões de um exército.

Todas as falanges têm características próprias para que se reconheçam os seus trabalhadores quando incorporados. Não se confunde um caboclo da falange de Urubatan com outro de Araribóia, ou de qualquer outra legião.

As falanges dos nossos indígenas, com os seus agregados, formam o "povo das matas"; a dos marujos e espíritos da linha de Iemanjá, o "povo do mar"; os pretos africanos, o "povo da costa"; os baianos e demais negros do Brasil, o "povo da Bahia".

As diversas falanges e linhas agem em harmonia, combinando os seus recursos para a eficácia da ação coletiva. Exemplo:

Muitas vezes, uma questãozinha mínima produz uma grande desgraça...

Uma mulatinha que era médium da magia negra, empregando—se em casa de gente opulenta, foi repreendida com severidade por ter reincidido na falta de abandonar o serviço para ir a esquina conversar com o namorado. Queixou—se ao dirigente do seu antro de magia, exagerando, sem dúvida, os agravos, ou supostos agravos recebidos, e arranjou contra os seus patrões um "despacho" de efeitos sinistros.

Em poucos meses, marido e mulher estavam desentendidos, um, com os negócios em descalabro, a outra, atacada de moléstia asquerosa da pele, que ninguém definia, nem curava. Vencido pelo sofrimento e sem esperança, o casal, aconselhado pela experiência de um amigo, foi a um centro da Linha Branca de Umbanda, onde, como sempre acontece, o guia, em meia hora, esclareceu—o sobre a origem de seus males, dizendo quem e onde fez o "despacho", o que e por que mandou fazê—lo.

E, por causa desse rápido namoro de esquina, uma família gemeu na miséria, e a Linha Branca de Umbanda fez, no espaço, um de seus maiores esforços.

Ofertou—se as entidades causadoras de tantos danos um "despacho" igual ao que as lançou ao malefício; e, como o presente não surtiu resultado, por não ter sido aceito, os trabalhadores espirituais da Linha de Santo agiram, junto aos seus antigos companheiros de Encruzilhada, para alcançar o abandono pacífico dos perseguidos, mas foram informados que não se perdoava a ofensa à médiuns da Linha Negra.

Elementos da falange de Oxóssi teceram as redes de captura, e os secundaram, com o ímpeto costumeiro, a falange guerreira de Ogum; mas a resistência adversa, oposta por blocos fortíssimos de espíritos adestrados nas lutas fluídicas, obrigou a Linha Branca a tomar recursos extremos, trabalhando fora da cidade à margem de um rio.

Com a pólvora sacudiu—se o ar, produzindo—se formidáveis deslocamentos de fluidos; apelou—se, depois, para os meios magnéticos; e, por fim, as descargas elétricas fagulharam na limpidez puríssima da tarde.

Os trabalhadores de Iemanjá, com a água volatizada do oceano, auxiliados pelos de Iansã, lavaram os resíduos dos malefícios desfeitos e, enquanto os servos de Xangô encaminhavam os rebeldes submetidos, o casal se restaurava na saúde e na fortuna.

XIX. A Linha de Santo

A missão da Linha de Santo, tão desprezada quanto ridicularizada até nos meios cultos do espiritismo, é verdadeiramente apostolar.

Os espíritos que a constituem, mantendo-se em contato com a banda negra de onde provieram, não só resolvem pacificamente as demandas, como convertem, com hábil esforço, os trabalhadores trevosos.

Esse esforço se desenvolve com tenacidade numa gradação ascendente:

Primeiro, os conversores lisonjeiam os espíritos adestrados nos malefícios, gabam-lhes as qualidades, exaltam-lhe a potência fluídica, louvam a mestria de seus trabalhos contra o próximo, e assim lhes conquistam a confiança e a estima.

Na segunda fase do apostolado, começam a mostrar aos malfeitores o êxito de alcançar a Linha Branca com a excelência de seus predicados.

Aproveitando para o bem um atributo nocivo como a vaidade, os obreiros da Linha de Santo passam a pedir aos acolhidos para a conversão pequenos favores consistentes em atos de auxílio e benefício a esta ou àquela pessoa; e, realizado esse intento, eles vem a gozar, como uma emoção nova, a alegria serena e agradecida da caridade.

Então mais tarde eles os convidam para assistir os trabalhos da Linha Branca, mostrando-lhes o prazer com que o efetuam em cordialidade harmoniosa, sem sobressaltos, os operários ou guerreiros do espaço, em comunhão com homens igualmente satisfeitos, laborando com a consciência e a paz.

Fazem—nos, depois, participar desse labor, dando—lhes, na obra comum, uma tarefa à altura de suas possibilidades, para que se estimulem e entusiasmem com o seu resultado.

E quanto mais o espírito transviado intensifica o seu convívio com os da Linha de Santo, tanto mais se relaciona com os trabalhadores do amor e da paz; e, para não se colocar em esfera inferior àquela em que os vê, começa a imitar—lhes os exemplos, elevando—se até abandonar de todo a atividade maléfica.

Depois que esse abandono se consumou, o convertido não é incluído imediatamente na Linha, mas fica como seu auxiliar, uma espécie de adido, trabalhando sem classificação. Geralmente, nessa fase, exalta—o o desejo de se incorporar efetivamente às falanges brancas, e o seu trabalho de fé se reveste daquele ardor com que se manifestam, pela ação ou pelo verbo, os crentes novos.

Permitida, afinal, a sua inclusão na Linha de Santo, ou em alguma outra, o antigo servente do mal vai resgatar as suas faltas, corrigindo as alheias.

XX. Os protetores da Linha Branca de Umbanda

Os protetores da Linha Branca de Umbanda e Demanda invariavelmente são, ou dizem que são, caboclos ou pretos.

Entre os caboclos, numerosos foram europeus em encarnações anteriores, e a sua reencarnação no seio dos indígenas não representa um retrocesso, mas o início, pela identificação com o ambiente, da missão que como espíritos, depois de aprendizado no espaço, teriam de desempenhar na Terra. Outros pertenceram, na última existência terrena, a povos brancos do Ocidente, ou amarelos da Ásia, e nunca passaram pelas nossas tribos.

Os restantes, porém, com o círculo de sua evolução reduzido, até o presente, à zona psíquica do Brasil, têm encarnado e reencarnado, com alternância, em nossas cidades ou matas, estando quase todos no espaço há mais de meio século – o mesmo quanto a negros.

Esses protetores se graduam numa escala que ascende dos mais atrasados, porém cheios de bondade, aos radiantes espíritos superiores.

O protetor na Linha Branca é sempre humilde e, com a sua língua atravessada, ou incorreta, causa uma impressão penosa de ignorância, mas frequentemente, pelos deveres de sua missão, surpreende os seus consulentes, revelando conhecimentos muito elevados.

Exemplo:

Numa ocasião, em uma pequena reunião de cinco pessoas, um protetor caboclo descarregava os maus fluidos de uma senhora. Enquanto isso, também incorporado, um preto velho chamado Pai Antônio fumava seu cachimbo, observando a descarga.

– Cuidado – o preto avisou o caboclo –, o coração dessa filha não está batendo de acordo com o pulso.

– Como é que Pai Antônio viu isso? Deixe verificar – pediu um médico presente à sessão.

Depois da verificação, confirmou o aviso do preto, que o surpreendeu de novo, emitindo um termo técnico da medicina, e explicando que o fenômeno não provinha, como acreditava o clínico, de suas causas fisiológicas, porém de ação fluídica; tanto que, terminada a descarga, se reestabeleceria a circulação normal no organismo da dama. E assim aconteceu.

O doutor, então, quis conversar sobre a sua ciência com o espírito humilde do preto; e, antes de meia hora, confessava, com um sorriso, e sem despeito, que o negro abordara assuntos que ele ainda não tivera oportunidade de versar, e estranhava:

– Pai Antônio não pode ser o espírito de um preto da África; e não se compreende que baixe para fumar cachimbo e falar em dialetos.

– Eu sou preto, meu filho.

– Não, Pai Antônio. O senhor sabe mais medicina do que eu. Por que fala desse modo? Há de ser por alguma razão.

O preto velho explicou:

– Eu não baixo em roda de doutores. Doutor, aqui só há um, que és tu, e nem sempre vens cá. Depois, meu filho, se eu começo a falar língua de branco, posso ficar tão pretensioso como tu, que dizes saber menos medicina do que eu – disse, numa linguagem intricada, que traduzimos.

Os protetores da Linha Branca em geral se especializam, no espaço, em estudos ou trabalhos de sua predileção na Terra, e baixam aos centros e incorporam para um objetivo definido. Acontece, porém, que muitas vezes são induzidos a erros pelos consulentes, com a cumplicidade dos presidentes de sessões. Por exemplo, uma pessoa os interroga sobre um assunto de que não tem conhecimento pleno:

– Não entendo disso, meu filho.

Na sessão seguinte, e nas outras, o curioso ou necessitado insiste na sua questão, até que o trabalhador do espaço, receoso de inspirar a desconfiança com a confissão de sua ignorância, enevereda pela seara alheia e comete erros, logo remediados pelo chefe do terreiro, que é um espírito conhecedor de todos os trabalhos e recurso da Linha.

Salvo em caso de necessidade absoluta, os protetores da Linha Branca de Umbanda incorporam sempre nos mesmos médiuns. As razoes são simples e transparentes: habituaram–se a mover aqueles corpos, conhecem todos os recursos daqueles cérebros, e, pela constância dos serviços, mantêm os seus fluidos harmonizados com os dos aparelhos, o que lhes facilita a incorporação – aliás, sempre complexa e, em geral, custosa: quanto mais elevado é o espírito, tanto mais difícil é a sua incorporação.

XXI. Os Orixás

Cada uma das Sete Linhas que constituem a Linha Branca de Umbanda e Demanda tem vinte e um Orixás.

O Orixá é uma entidade de hierarquia superior e representa, em missões especiais, de prazo variável, o alto chefe de sua linha. É pelos seus encargos comparável a um general, ora incumbido da inspeção das falanges, ora encarregado de auxiliar a atividade de centros necessitados de amparo; e, nesta hipótese, fica subordinado ao guia geral do agrupamento a que pertencem tais centros.

Os Orixás não baixam sempre, sendo poucos os núcleos espíritas que os conhecem. São espíritos dotados de faculdades e poderes que seriam assustadores, se não fossem usados exclusivamente em benefício do homem. Em oito anos de trabalhos e pesquisas, só tive ocasião de ver dois Orixás [incorporados em médiuns], um de Oxóssi, o outro de Ogum, o Orixá Mallet.

E o Orixá Mallet, de Ogum, baixou e permanece em nosso ambiente, em missão junto às Tendas criadas e dirigidas pelo Caboclo das Sete Encruzilhadas. Trouxe, do espaço, dois auxiliares, que haviam sido malaios na última encarnação, e dispõe, dentre os elementos do Caboclo das Sete Encruzilhadas, de todas as falanges de Demanda, de cinco falanges selecionadas do Povo da Costa, semelhantes às tropas de choque dos exércitos de Terra, além de arqueiros de Oxóssi, inclusive núcleos da falange fulgurante de Ubirajara.

Entende esse "capitão de Demanda" que as pessoas de responsabilidade nos serviços da Linha necessitam, de quando em quando, de provas singulares, que lhes revigore a fé, e reacenda a confiança nos guias; e muitas vezes lhes aplica tais provas no decorrer dos trabalhos sob a sua direção.

Na vez primeira em eu que o vi, a sua grande bondade, para estimular a minha humilde boa vontade, produziu uma daquelas esplêndidas demonstrações:

Estávamos cerca de 20 pessoas numa sala completamente fechada. Ele, sob a curiosidade fiscalizadora de nossos olhos, traçou alguns pontos no chão; passou em seguida a mão sobre eles, como se apanhasse alguma coisa; elevou a mão esquerda e, abrindo—a, largou no ar três lindas borboletas amarelas; e, espalmando a mão direita na minha direção, passou—me uma delas – a terceira.

– Hoje, quando, chegares em casa, e amanhã, no trabalho, serás recebido por uma dessas borboletas.

E, realmente, tarde da noite, quando regressei ao lar e acendi a luz, uma borboleta amarela pousou no meu ombro, e na manhã seguinte, ao chegar ao trabalho, surpreenderam—se os meus companheiros vendo que outra borboleta, também amarela, como se descesse do teto, pousava—me na cabeça.

Tive a oportunidade de assistir a outra de suas demonstrações, fora desta capital, a margem do Rio Macacu. Leváramos dois pombos brancos, que eu tinha a certeza de não serem adestrados, porque foram adquiridos por mim. Colocou—os o Orixá, como se os prendesse sobre um ponto traçado na areia, onde eles quedaram quietos, e começou a operar com fluidos elétricos, para fazer chover. Em meio à tarefa, disse:

– Os pombos não resistem a este trabalho. Vamos passá-los para a outra margem do rio.

Pegou-os, encostou-os as fontes do médium, e alçando-os depois, soltou-os. Os dois pássaros, num voo curto, transpuseram a corredeira, e fecharam as asas na mesma árvore, ficando lado a lado, no mesmo galho.

Passada a chuva que provocara, disse:

– Vamos buscar os pombos.

Chegamos à orla do rio. O Orixá, com as mãos levantadas, bateu palmas, e os dois pombos, recruzando as águas, voltaram ao ponto traçado na areia.

Príncipe reinante na ultima encarnação, numa ilha formosa do Oriente, o delegado de Ogum é magnânimo; porém, rigoroso, e não diverte curiosos: ensina, e defende.

Exigem os seus trabalhos, tantas vezes revestidos de transcendente beleza, a quietude plana dos campos, a oxigenada altura das montanhas, o retiro exalante das flores ou a largueza ondulosa do mar.

XXII. Os guias superiores da Linha Branca

Os centros espíritas são instituições da Terra com reflexo no espaço, ou criação do espaço com reflexo na Terra.

Um grupo de pessoas resolve fundar um centro espírita, localiza-o e começa a reunir-se em sessões. Os guias do espaço mandam-lhes, para auxiliá-las e dirigi-las, entidades espirituais de inteligência e saber superiores ao agrupamento; porém, afins com os seus componentes.

Esses enviados dominam em geral o novo centro, mas não o desviam dos objetivos humanos determinantes de sua fundação.

Os guias do espaço resolvem instituir na Terra, para a realização de seus desígnios, Tendas que sejam correspondentes a núcleos do outro plano, e incumbem de sua fundação os espíritos que reúnem e selecionam os seus auxiliares humanos e os dirigem de conformidade com as finalidades espirituais.

Tanto os grupos de origem terrena como os originários do espaço ficam em linhas paralelas, submetidos à direção de guias superiores, que se encarregam de ordená-los em quadros divididos entre eles.

Esses guias são chamados *espíritos de luz*, que já não se incluem, pela sua condição, na atmosfera de nosso planeta; porém, são deslocados para a Terra – em missão tanto mais penosa quanto mais elevada é a natureza espiritual do missionário.

Desses missionários, alguns jamais têm a necessidade de recorrer a um médium, e exercem a sua autoridade através de espíritos que também muitas vezes não incorporam e transmitem ordens e instruções às entidades em contato direto com os centros e grupos humanos.

Há, porém, espíritos de luz, que pelas exigências de sua missão, baixam aos recintos de nossas reuniões, incorporam−se nos médiuns e dirigem efetivamente − e até materialmente − os nossos trabalhos.

Frequentemente, no primeiro caso, há centros que não sabem que estão sob a jurisdição de determinado guia e que chegam a ignorar a sua permanência em nosso ambiente, sem que se lhes possa fazer, por isso, qualquer censura, pois os seus guias imediatos não julgaram necessário ou conveniente fazer essa revelação.

As criações originárias do espaço se caracterizam pela sistematizada solidez de sua organização, pelos métodos e concatenações de seus trabalhos, e pelo inflexível rigor de sua disciplina.

Dessas criações, a que melhor conheço é a fundada pelo Caboclo das Sete Encruzilhadas.

XXIII. O Caboclo das Sete Encruzilhadas

Acaso alguma vez tenho estado em contato consciente com algum espírito de luz, esse espírito é, sem duvida, aquele que se apresenta sob o aspecto agreste, e o nome bárbaro de Caboclo das Sete Encruzilhadas.

Sentindo-o ao nosso lado, pelo bem estar espiritual que nos envolve e sensibiliza, pressentimos a grandeza infinita de Deus; e, guiados pela sua proteção, recebemos e suportamos os sofrimentos com uma serenidade quase ingênua, comparável ao encanto das crianças, nas estampas sacras, contemplando da beira do abismo, sob às asas de um anjo, as estrelas do céu.

Estava esse espírito no espaço, no ponto de interseção de sete caminhos, chorando sem saber o rumo que deveria tomar, quando lhe apareceu Jesus, na sua inefável doçura, e, mostrando-lhe , numa região da Terra, as tragédias da dor e os dramas da paixão humana, indicou-lhe o caminho a seguir, como missionário do consolo e da redenção.

Em memória desse incomparável minuto de sua eternidade, e para se colocar ao nível dos trabalhadores mais humildes, o mensageiro do Cristo tirou o seu nome do número dos caminhos que o desorientavam, e ficou sendo o Caboclo das Sete Encruzilhadas.

Há vinte e três anos [no final de 1908], baixando a uma casa pobre de um bairro paupérrimo, iniciou a sua cruzada, vencendo, na ordem material, obstáculos que se renovam quando vencidos e derrubados, e dos quais o maior é a qualidade das pedras com que há de construir o novo templo.

Entre a humildade e a doçura extremas, a sua piedade se derrama sobre quantos o procuram e, não poucas vezes, escorrendo pela face do médium, as suas lagrimas expressam a sua tristeza diante dessas provas inevitáveis a que as criaturas não podem fugir.

A sua sabedoria se avizinha de onisciência (qualidade do saber divino, universal, uno, intuitivo, independente, infalível e eficaz). O seu profundíssimo conhecimento da Bíblia e das obras dos doutores da Igreja autorizam a suposição de que ele, em alguma encarnação, tenha sido sacerdote; porém, a medicina não lhe é mais estranha do que a teologia.

Acidentalmente, o seu saber se revela: numa ocasião, para justificar uma falta, por esquecimento, de um de seus auxiliares humanos, explicou minuciosamente o processo de renovação das células cerebrais, descreveu os instrumentos que servem para observá-las, e contou numerosos casos de fenômenos que as atingiram, e como foram tratados na Grande Guerra deflagrada em 1914.

Também, para fazer os seus discípulos compreenderem o mecanismo dos sentimentos, se assim posso expressar-me, explicou a teoria das vibrações e a dos fluidos, e numa ascensão gradativa, na mais singela das linguagens, ensinou a homens de cultura desigual as transcendentes leis astronômicas.

De outra feita, respondendo a consulta de um espírita que é capitalista em São Paulo e representa interesses europeus, produziu um estudo admirável da situação financeira criada para a França, pela quebra do padrão ouro na Inglaterra.

A linguagem do Caboclo das Sete Encruzilhadas varia de acordo com a mentalidade de seus auditórios. Ora plana, simples e sem adornos, ora fulgurante nos arrojos da alta eloquência, nunca desce tanto, que se imbecilize, nem se eleva demais, que se torne inacessível.

A sua paciência de mestre é, como a sua tolerância de chefe, ilimitada. Leva anos a repetir, em todos os tons, através de parábolas, por meio de narrativas, o mesmo conselho, a mesma lição, até que o discípulo, depois de tê-la compreendido, comece a praticá-la.

A sua sensibilidade, ou perceptibilidade, é rápida, sempre nos surpreendendo. Resolvi, certa vez, explicar os dez mandamentos da Lei de Deus aos meus companheiros e, pela tarde, quando me lembrei da reunião da noite, procurei, concentrando-me, comunicar-me com o missionário de Jesus, pedindo-lhe uma sugestão, uma ideia, pois não sabia como discorrer sobre o primeiro mandamento. Ao chegar à Tenda, encontrei seu médium, que viera apressadamente das Neves, no município de São Gonçalo, por uma ordem recebida de última hora, e o Caboclo das Sete Encruzilhadas, baixando em nossa reunião, discorreu espontaneamente sobre aquele mandamento e, concluindo, disse-me: "Agora, nas outras reuniões, podeis explicar os outros, como é vosso desejo".

E esse caso se repetiu: havia necessidade de falar sobre as Sete Linhas de Umbanda e, incerto sobre a de Xangô, implorei, mentalmente, o auxílio desse espírito, e de novo o seu médium, por ordem de última hora, compareceu e sanou, numa exposição transparente, as nossas dúvidas sobre a Quarta Linha.

A primeira vez em que os videntes o vislumbraram, no início de sua missão, o Caboclo das Sete Encruzilhadas se apresentou como um homem de meia idade, a pele bronzeada, vestindo uma túnica branca, atravessada por uma faixa onde brilhava, em letras de luz, a palavra "Caritas". Depois, e por muito tempo, só se mostrava como caboclo, tanga de plumas, e mais atributos dos pajés indígenas. Passou, mais tarde, a ser visível na alvura de sua túnica primitiva, mas há anos acreditamos que só em algumas circunstâncias se reveste de forma corpórea, pois os videntes não o veem, e quando a nossa sensibilidade e os outros guias assinalam a sua presença, fulgura no ar uma vibração azul e uma claridade dessa cor paira no ambiente.

Para dar desempenho a sua missão na Terra, o Caboclo das Sete Encruzilhadas fundou quatro Tendas em Niterói e nesta cidade, e outras fora das duas capitais – e todas da Linha Branca de Umbanda e Demanda.

XXIV. As Tendas do Caboclo das Sete Encruzilhadas

O Caboclo das Sete Encruzilhadas fundou e dirige quatro Tendas:

A Tenda Nossa Senhora da Piedade, a matriz, em Neves, subúrbio de Niterói encravado no município de São Gonçalo, e as de Nossa Senhora da Conceição, São Pedro e de Nossa Senhora da Guia, na Capital Federal [na época, a cidade do Rio de Janeiro], além de outras no interior do Estado do Rio.

O processo de fundação dessas Tendas foi o seguinte: o Caboclo das Sete Encruzilhadas, que é vulgarmente denominado o "Chefe", quer pelos seus auxiliares da Terra, quer pelos do espaço, escolheu para seu médium o filho de um espírita; e, por intermédio dos dois, agremiou os elementos necessários à constituição da Tenda de N. S. da Piedade.

Dez ou doze anos depois, com contingentes dessa Tenda, incumbiu a Sra. Gabriela Dionysio Soares de Fundas, com o Caboclo Sapoéba, a de N. S. da Conceição; e quando a nova instituição começou a funcionar normalmente, encarregou o Dr. José Meirelles, antigo agente da municipalidade carioca e deputado do Distrito Federal, e os espíritos de Pai Francisco e Pai Jobá, com o auxílio das duas existentes, da criação da Tenda de S. Pedro. Mais tarde, ainda com o Dr. José Meirelles e o caboclo Jaguaribe, receberam a incumbência de organizar, com os egressos da Tenda do Pescador, a de N. S. da Guia.

Cada uma dessas Tendas constitui uma sociedade civil, cabendo a sua responsabilidade legal, e a espiritual, ao respectivo presidente que é nomeado pelo Caboclo das Sete Encruzilhadas, independente de indicação ou sanção humana, e por ele transferido, suspenso, ou demitido livremente, bem como os médiuns que o "Chefe" designa e pode, se assim o entender, afastar de suas Tendas.

A organização espiritual é a seguinte: cada Tenda tem um chefe de terreiro (o presidente espiritual), um substituto imediato e vários substitutos eventuais; estes são chamados pela ordem de antiguidade na Tenda, sendo todos eles designados pelo guia geral.

A Hierarquia, na ordem material, como na espiritual, é mantida com severidade. Cercam o Caboclo das Sete Encruzilhadas muitos espíritos elevados que ele distribui, conforme a circunstância, pelas diversas Tendas, mas esses espíritos e mesmo os Orixás não diminuem nem assumem a autoridade dos presidentes espiritual e material, e trabalham de acordo com eles. Os próprios enviados especiais mandados, de tempos em tempos, com mensagens dos chefes e padroeiros das linhas, só as proferem depois do consentimento dos dois dirigentes. Até o "Chefe", quando baixa e incorpora em qualquer das Tendas, não interfere na direção dos trabalhos, mantendo o prestígio de seus delegados.

Na primeira quinta—feira de cada mês celebra—se na Tenda Matriz uma sessão privativa dos presidentes, dos seus auxiliares e dos médiuns dos chefes de terreiro, e nessa assembleia o Caboclo das Sete Encruzilhadas faz as observações necessárias acerca dos serviços do mês anterior, elogiando ou repreendendo, e dá instruções para os trabalhos do mês corrente.

As Tendas realizam, isoladamente, sessões públicas de caridade, sessões de experiência, e as de descarga. As segundas se dividem em duas categorias: as que têm por objetivo a escolha e o desenvolvimento dos médiuns das diversas Linhas e a outra, facultativa, visando estudos de caráter científico. As sessões de descargas são consagradas à defesa dos médiuns.

Na segunda sexta−feira de cada mês, os presidentes, médiuns, e auxiliares de cada Tenda trabalham conjuntamente na Matriz; no terceiro sábado, na de N. S. da Conceição; e no quarto sábado, na de N. S. da Guia.

Anualmente, as três Tendas fazem um retiro de vinte e um dias fora da cidade, com cerimônias diárias em suas sedes e nas residências de seus componentes.

Há, mensalmente, uma vigília de vinte e quatro horas, em que se revezam os filhos das Tendas de Maria. Efetuam−se em certas circunstâncias, atos idênticos, as mesmas horas, nessas três Tendas. Celebram−se ainda outras reuniões, internas ou externas, inclusive as festivas.

Em nenhuma Tenda é lícito realizar qualquer trabalho sem a autorização expressa do "Chefe", e nenhum presidente pode submeter ao seu julgamento pedido que não se inspire na defesa e no benefício do próximo.

Para o serviço de suas Tendas, o Caboclo das Sete Encruzilhadas tem as suas ordens Orixás e falanges de todas as linhas – incluída, na de Ogum, a falange marítima do Oriente.

E bastam essas anotações para que se compreenda o que é uma organização da Linha Branca de Umbanda e Demanda, concebida no espaço e executada na Terra.

XXV. A Tenda Nossa Senhora da Piedade

Sob a presidência do Sr. Zélio Moraes, médium do Caboclo das Sete Encruzilhadas, erigida em sítio tranquilo, entre arvores, a Tenda Nossa Senhora da Piedade é a casa humilde dos milagres...

Atacada de moléstia fatal, a filha de um comerciante de Niterói agonizava, sofrendo, e como a ciência humana se declarou impotente para socorrê-la, seu pai, em desespero delirante, numa tentativa extrema, suplicou auxílio à modesta Tenda das Neves.

Responderam-lhe que só à noite, na sessão, o guia poderia tomar conhecimento do caso. Regressando ao lar, o desconsolado pai encontrou a filha morta e, depois de fazer constatar o óbito pelo médico, mandou tratar o enterro.

No entanto, à noite, na Tenda de Nossa Senhora da Piedade, aberta a sessão, o Caboclo das Sete Encruzilhadas, manifestando-se, disse aos seus auxiliares da Terra, ainda desconhecedores o desenlace da doença, que se concentrassem, sem quebra da corrente, e o esperassem, pois ia para o espaço, com suas falanges, socorrer a enferma que lhes pedira socorro.

Duas horas depois voltou, achando aqueles companheiros exaustos, devido ao longo esforço mental. Explicou-lhes, então, na pureza da sua realidade, a situação, e mandou-os que fossem em nome de Jesus, retirar a morta da mesa mortuária, e comunicar-lhe que a misericórdia de Deus, para atestar os benefícios do espiritismo, permitia—lhe viver, enquanto não negasse o favor de sua ressurreição.

Confiante em seu chefe, os humildes trabalhadores da Tenda da Piedade cumpriram as ordens recebidas, e a moça não só ficou viva, como curada. O médico, que lhe tratou da moléstia, e que lhe constatou o óbito observou—a, por algum tempo, até desistir de penetrar o mistério de seu caso, classificando—o na ordem sobrenatural dos milagres.

Meses depois, a mesa do almoço, conversando, a ressurreta contestou com firmeza a ação espiritual que lhe restituiu à vida material, negando—a; porém nessa ocasião adoeceu de uma indigestão, falecendo em menos de vinte e quatro horas.

Uma associação de grande autoridade no espiritismo, ao ter conhecimentos desses fatos, resolveu apurá—los com severidade, para desmenti—los ou confirmá—los sem sombra de dúvida; e, num inquérito rigoroso, com auxílio das autoridades do Estado do Rio de Janeiro, estabeleceu a plena veracidade deles, publicando no órgão da Federação Espírita a sua documentação.

A média mensal das curas de obsedados que iriam para os hospícios como loucos é de vinte e cinco doentes na Tenda da Piedade.

Os espíritos que baixam nesse recinto não procuram deslumbrar os seus consulentes com o assombro de manifestações portentosas, mas as produzem muitas vezes, pois que as circunstâncias o exigem.

Os auxiliares humanos do Caboclo das Sete Encruzilhadas, na Tenda que é, por excelência, a sua Tenda, mesmo os que têm posição de destaque na sociedade, não se orgulham dos favores que lhes são conferidos e procuram, com doçura e humildade, merecer a graça de contribuir, como inter—mediários materiais, para a execução dos desígnios do espaço nesta Terra.

XXVI. A Tenda de Nossa Senhora da Conceição

Perguntaram ao presidente da Tenda de Nossa Senhora da Conceição:

– Acreditas em N. S. da Conceição?

Para responder, ele interrogou:

– O amigo acredita na Virgem Maria, Mãe de Jesus?

– Acredito, afirmou o ironista.

– Pois N. S. da Conceição é a Virgem, mãe de Jesus.

Ora, se a Tenda corresponde a sua finalidade, que importa o seu nome? Virgem Maria, ou N. S. da Conceição...

As prevenções contra a Igreja determinam investidas bravias contra o passado e a mutilação de grandes nomes históricos, reduzindo teólogos da estatura de Santo Agostinho e mártires do porte de S. Sebastião a vulgaridade anônima de Agostinho e Sebastião.

Ofuscam–se, desse modo, na evocação dessas gloriosas figuras, os seus máximos predicados – os predicados que o catolicismo exaltou e os centros espíritas reconhecem, transformando esses iluminados em seus padroeiros e dirigentes espirituais.

A essa ríspida intolerância, prefiro o sábio exemplo de Alan Kardec, chamando São Luiz ao espírito que mais o auxiliou na codificação do espiritismo.

Se os magnos luzeiros do espiritismo científico e os kardecistas podem invocar Jesus como o Redentor, o médium de Deus, o Salvador, e Nosso Senhor Jesus Cristo, por que não poderemos nós, os humildes, invocar a Virgem Maria, com a Rainha do Céu, ou Nossa Senhora da Conceição?

Quer a chamemos, como o Caboclo das Sete Encruzilhadas, Mãe das mães; ou, como na Federação Espírita, Nossa Mãe amantíssima, Virgem sem pecado, Maria Puríssima; ou, como os católicos, Nossa Senhora; ou, como os filhos de Umbanda, Mãe Oxum e Iemanjá – Maria Imaculada é sempre a imaculada Maria, e pela diversidade dessas invocações não deixa de ouvir o clamor e a prece dos crentes.

Nossa Senhora da Conceição é uma variante invocativa do nome de Maria, mas na Linha Branca de Umbanda, conserva o sentido místico, ligando à Terra ao espaço.

Acredito, ainda, que N. S. da Conceição tenha representação visível no espaço, pois é isto que afirmam espíritos que conosco trabalham; e, se qualquer entidade, mesmo para espalhar o mal, pode-se revestir do aspecto que lhe convenha, é claro que Maria poderá assumir a aparência que deseje, ou produzir formações fluídicas necessárias ao consolo e a fé daqueles que a procuram no espaço, como o esplendor da maternidade realçada pela beleza virginal.

As falanges de N. S. da Conceição, ensinam os espíritos, são as mais numerosas da Linha Branca de Umbanda e Demanda, pois sob essa invocação, que o resume na Linha, o culto de Maria possui o maior número de adeptos; e para atendê-los em suas súplicas, qualquer que seja o seu credo, essas legiões incontáveis descem e sobem, incessantemente, do espaço à Terra, e da Terra ao espaço.

Compreendem essas falanges as entidades que viveram, na última encarnação, nas matas cortados pelos arroios ou rios, pelos espíritos das regiões litorâneas, pelo povo do mar, pelos que foram no mundo material devotos da Virgem Maria, e pelos que a esses se agregaram por afinidades.

A exigência da atenção devida aos invocadores de Maria é tão premente e constante que raras vezes os elementos de suas falanges podem passar pela Tenda humílima de seu nome.

O chefe do terreiro dessa Tenda (isto é, o presidente espiritual) é o Caboclo Corta Vento, da linha de Oxalá; seu substituto imediato é o Caboclo Acahyba, da Linha de Oxóssi, e os substitutos eventuais são Yara, da Linha de Ogum, Timbiry, da falange do Oriente, e o Caboclo da Lua da Linha de Xangô.

E pelo dever de assumir a responsabilidade social de minha investidura, acrescento que sou o presidente da Tenda de Nossa Senhora da Conceição; ou, mais modestamente, o delegado humano incumbido, pelo Caboclo das Sete Encruzilhadas, de coordenar a ordem material necessária à execução dos trabalhos espirituais.

XXVII. A Tenda Nossa Senhora da Guia

A Tenda Nossa Senhora da Guia, presidida pelo Sr. Dorval Vaz, e esplendidamente instalada nesta capital, é uma instituição primorosa, preenchendo de modo completo aos fins que, pelo prisma humano, inspiraram a sua fundação.

Possui, já desenvolvidos, revezando−se na intensidade brilhante de seus trabalhos, sessenta médiuns de todas as Linhas e prepara, nas experiências de desenvolvimento, sob a direção de guias vigilantes, mais duzentos e trinta, oficialmente matriculados nos seus programas.

Com esses elementos, a Tenda Estrela do Oriente pode atender, como realmente atende, distribuindo socorros de todas as natureza aos necessitados de várias espécies, que solicitam amparo e auxílio aos centros espíritas de caridade.

Só na sua sessão pública das terças−feiras concorrem consulentes cuja média oscila entre trezentos e trezentos e cinquenta. Reduzindo−os ao mínimo de trezentos, e fazendo cálculo por meses de quatro semanas, ou terças−feiras, conclui−se que a Tenda Nossa Senhora da Guia socorre, mensalmente, mil e duzentos necessitados, ou quatorze mil e quatrocentos por ano.

Além da sessão pública, realiza, também semanalmente, as duas sessões de experiências, para a escolha e o desenvolvimento dos médiuns, e outros estudos; também há as sessões extraordinárias, ou especiais, impostas pelas circunstâncias, quando se tornam precisas, e as de descarga, em defesa de seus componentes.

Trabalham em seu terreiro como chefe presidente espiritual o caboclo Jaguaribe; como seu imediato, o caboclo Acahyba; e como substitutos eventuais, pela ordem de antiguidade na Tenta, Garnazan, o caboclo Sete Cores, e mais Gira Mato e Bagi, todos pertencentes às grandes falanges da Linha de Oxóssi. Possuem ainda esses trabalhadores tantos auxiliares quantos são os médiuns desenvolvidos.

O trabalho, nessa Tenda, é dos mais profícuos, e o número crescente das pessoas que procuram cheias de confiança o seu terreiro atesta, de modo eloquente, a eficiência espiritual de seus protetores e o generoso caráter dos seus dirigentes humanos.

Essa é a mais nova das Tendas do Caboclo das Sete Encruzilhadas, a sua última criação, e o seu advento ainda se liga ao nome do Dr. José Meirelles, já desencarnado, que foi na Terra um obreiro infatigável ao serviço daquele grande missionário.

XXVIII. As festas da Linha Branca

Para mostrar, na esfera da realidade terrena, uma organização da Linha Branca de Umbanda e Demanda, citei a que melhor conheço, porém essa citação de modo algum representa a primazia, quer sob o aspecto de prioridade, quer sob o de superioridade.

Outras, sem dúvida, existem em nosso meio, fundadas e dirigidas pelos grandes missionários do espaço, e entre os numerosos centros que funcionam isoladamente, muitos são ótimos, preenchendo de modo completo as finalidades da Linha.

O próprio Caboclo das Sete Encruzilhadas assiste, fora de sua organização, outras Tendas, e costuma auxiliar com suas falanges os trabalhadores de boa vontade que o invocam e chamam em suas reuniões; e creio que os demais protetores não deixam de atender aos apelos de corações honestamente devotados ao serviço do próximo, em nome de Deus.

Numa instituição da disciplina peculiar à Linha Branca de Umbanda e Demanda, é natural que a transgressão consciente as suas leis não fique impune. Em geral, os transgressores são abandonados pelos guias, e sem esse amparo a que estavam habituados, tropeçam a cada passo em dificuldades e caem sob o domínio de entidades que os infelicitam.

Para os casos especiais, em que os erros, pela função de quem os comete, causam danos a outros e prejudicam o conceito da Tenda e da Linha, há penalidades ásperas, de efeitos imediatos.

Mas na Linha Branca de Umbanda e Demanda também há alegrias, que se expressam em festividades. Seis dessas festas têm o caráter de obrigação ritualística (são as dos padroeiros e chefes das linhas); variando, porém, o modo de realizá-las.

Algumas vezes são simples sessões comemorativas, com discursos e preces; outras vezes comportam a participação de espíritos que incorporam para produzir orações referentes ao dia, ou para transmitir mensagens de estímulo, vindas de entidades superiores.

Frequentemente a festa é realizada pelos espíritos incorporados; e, neste caso, assume características especiais, segundo a Linha que se festeja.

A essas festas comparecem, além dos médiuns, convidados e outras pessoas, e esse agrupamento de gente que nem sempre passou pela sessão de caridade, ou pela de descarga, obriga à medidas extraordinárias para a conservação de um ambiente harmônico.

Assim, sem que o percebam os assistentes, enquanto a alegria religiosa os empolga, os seus guias e demais protetores estão efetuando trabalhos que se revestem, não raro, de intensidade excepcional.

No dia de Cosme e Damião baixam festivamente às Tendas espíritos que desencarnaram em idade infantil e com os quais é necessário, além de carinho fraternal, certa vigilância, porque eles, apossando-se dos médiuns, procedem como crianças e, como estas, são indiscretos, comentando sem respeito às conveniências sociais qualquer pensamento menos nobre ou mais atrevido, que surpreendam em algum cérebro.

No fim das grandes demandas, isto é, quando se arremata vitoriosamente um esforço maior em benefício do próximo, também se realiza, sem caráter obrigatório, uma festa em que se confundem, na mesma satisfação, os espíritos e os homens.

No encerramento do retiro anual, a sua última cerimônia é festiva, mas é íntima, abrangendo apenas os que, pelos seus encargos, são seus participantes forçados. É rigorosamente ritualística, e de uma grande beleza.

XXIX. Os que desencarnaram na Linha Branca

Quando desencarna uma pessoa filiada à Linha Branca de Umbanda, as atenções dispensadas ao seu organismo físico passam a ser consagradas ao seu espírito.

Logo que se verifica a fatalidade irremediável do próximo desencarne, os protetores, os companheiros de trabalho e as famílias, com habilidade, começam a preparar o enfermo para a mudança de plano, para que a morte do seu corpo ocorra sem abalo para o seu espírito.

Nas horas da agonia, os seus amigos da Terra, com a concentração e as preces, e os do espaço, por outros meios, procuram suavizar−lhe o sofrimento; depois, quando o espírito se desprende, as entidades espirituais que assistiam ao doente agem no sentido de que esse desprendimento seja completo, para que a alma liberta não se ressinta da decomposição da matéria em que viveu.

Acolhem−no depois, carinhosamente, no espaço, empenhando−se para atenuar−lhe a perturbação e encaminhando−o aos destinos que lhe estavam traçados.

Certas pessoas cometeram faltas que os seus serviços ao próximo, por intermédio da Linha Branca de Umbanda, não compensaram suficientemente. Devem, por isso, sofrer no espaço. Nessa hipótese, os protetores da Tenda a que eles pertenceram na Terra conseguem, para resgate dessas culpas, que tais espíritos, ao invés de padecerem errando no plano espiritual mais próximo do da Terra, purifiquem—se em missões árduas, trabalhando secretamente, sob às ordens de outros.

Casos há em que tais protetores trazem as sessões para que esclareçam e orientem os seus herdeiros sobre os seus negócios, ou legados, espíritos de pessoas que não os explicaram, ou os deixaram em situação obscura, quando desencarnaram.

Os grandes trabalhadores humanos da Linha, quando desencarnam, ainda que tenham de afastar—se de nossa atmosfera, voltam, uma ou mais vezes, em manifestações carinhosas, às Tendas de seus companheiros.

Exemplificando, citarei o caso do conhecido médium curador Bandeira:

Oito dias depois de seu desencarne, por ordem do guia, celebraram—se sessões à sua memória, nas Tendas do Caboclo das Sete Encruzilhadas.

Na Tenda em que estávamos, às oito e meia da noite, o chefe do terreiro anunciou:

— O nosso irmão Bandeira, conduzido pela falange de Nazareth, acaba de baixar na Tenda matriz.

Às nove horas assinalou a sua manifestação na Tenda de N. S. da Guia, e após, a sua vinda para a nossa.

Nesta, ele tomou um médium que nunca o vira, mas a sua incorporação foi tão completa que todos nós o reconhecemos imediatamente.

Vencida a emoção do primeiro momento, depois de abraçar os dirigentes da sessão, Bandeira, pelo médium desconhecido, chamou todas as pessoas que frequentavam a Tenda por sua indicação; em seguida, aquelas com as quais manteve relações; e, por fim, as restantes.

Disse, despedindo—se, que não poderia demorar—se, pois combinara com o presidente da Tenda da Guia voltar lá, para uma reunião de caráter íntimo, onde deveria dar informações e instruções para assegurar a tranquilidade do conforto material a sua progenitora.

E era verdade.

XXX. O auxílio dos espíritos na vida material

É frequente, nos centros espíritas, o aparecimento de pessoas que vão solicitar o auxílio das entidades espirituais para vencer dificuldades ou alcançar vantagens de ordem material, conseguindo empregos, ou realizando negócios.

Certos presidentes de sessões e muitos espíritos, com rigor impiedoso, respondem que o espiritismo não tem por fim arranjar ou consertar a vida e, seguidamente, nos trabalhos os guias assinalam, aborrecendo-se, que os pensamentos dos ambiciosos, ou dos premidos por necessidades materiais, perturbam e até viciam o ambiente.

Mas, em geral, os guias, mesmo quando não o confessam, ajudam materialmente a quem lhes pede socorro dessa natureza em horas de amargura.

Eu, na minha insignificância, pessoalmente considero legítimos tais apelos. Somos criaturas materiais, devemos fazer a nossa evolução espiritual através de obstáculos materiais, num mundo material, e os espíritos incumbidos de nossa proteção realmente pouco a exerceriam se não nos ajudassem a remover e dominar esses empecilhos de ordem material.

Perguntou o Sr. Allan Kardec ao seu guia se não o auxiliava na vida material. Contestou-lhe o iluminado que não ajudá-lo seria não amá-lo, acrescentando que o fazia sem que ele o percebesse, para não lhe tirar o merecimento da vitória na luta contra a adversidade.

E se assim era com o Sr. Allan Kardec, assim deve ser com as outras criaturas; e como estas não possuem, geralmente, o adiantamento do codificador do espiritismo, são mais diretos e veementes os seus apelos, e menos discretos os favores com que as auxiliam os espíritos.

O fato positivo é que os espíritos ajudam, quando podem, os homens a vencer as cruezas da vida; e quando estas representam a fatalidade inevitável de um destino, isto é, são uma prova, buscam suavizá-la, carinhosamente amparando, com o escudo da fé, a quem a sofre.

XXXI. O kardecismo e a Linha Branca de Umbanda

A Linha Branca de Umbanda e Demanda está perfeitamente enquadrada na doutrina de Allan Kardec e nos livros do grande codificador – nada se encontra susceptível de condená-la.

Cotejemos com os seus escritos os princípios da Linha Branca de Umbanda, por nós expostos no *Diário de Notícias*, edição de 27 de novembro de 1932.

A organização da Linha no espaço corresponde à determinada zona da Terra, atendendo-se, ao constituí-la, as variações de cultura e moral intelectual, com aproveitamento das entidades espirituais mais afins com as populações dessas paragens.

Allan Kardec, no *Livro dos Espíritos*, escreve:

519. *As aglomerações de indivíduos, como as sociedades, as cidades, as nações, têm espíritos protetores especiais?*

Tem, pela razão de que esses agregados são individualidades coletivas que, caminhando para um objetivo comum, precisam de uma direção superior.

520. *Os espíritos protetores das coletividades são de natureza mais elevada do que os que se ligam aos indivíduos?*

Tudo é relativo ao grau de adiantamento, quer se trate de coletividades, quer de indivíduos.

E quanto as afinidades, na mesma página:

Os espíritos preferem estar no meio dos que se lhes assemelham, acham-se aí mais à vontade e mais certos de serem ouvidos. Por virtude de suas tendências é que o homem atrai os espíritos, e isso quer esteja só, quer faça parte da sociedade, uma cidade, ou um povo.

Portanto, as sociedades, as cidades e os povos são, de acordo com as paixões e o caráter neles predominantes, assistidos por espíritos mais ou menos elevados.

Os protetores da Linha Branca de Umbanda se apresentam com o nome de caboclos e pretos; porém, frequentemente, não foram nem caboclos nem pretos.

Allan Kardec, no *Livro dos Espíritos*, ensina:

Vós fazeis questão de nomes: eles (os protetores) tomam um, que vos inspire confiança.

Mas como poderemos, sem o perigo de sermos mistificadores, confiar em entidades que se apresentam com os nomes supostos?

Allan Kardec, no *Livro dos Espíritos*, esclarece:

Julgai, pois, os espíritos, pela natureza de seus ensinos. Não esqueçais que entre eles há os que ainda não se despojaram das ideias que levaram da vida terrena. Sabei distingui-los pela linguagem de que usam. Julgai-os pelo conjunto do que vos dizem; vede se há encadeamento lógico em suas ideias; se nestas nada revela ignorância, orgulho ou malevolência; em suma, se suas palavras trazem todo o cunho de sabedoria que a verdadeira superioridade manifesta. Se o vosso mundo fosse inacessível ao erro, seria perfeito, e longe disso se acha ele.

Ora, esses espíritos de caboclos ou pretos, e os que como tais se apresentam, pela tradição de nossa raça, e pelas afinidades de nosso povo, são humildes e bons, e pregam, invariavelmente, a doutrina resumida nos Dez Mandamentos e ampliada por Jesus.

Entre os protetores da Linha Branca, alguns não são espíritos superiores, e os há também atrasados, porém bons, quando o grau de cultura dos protegidos não exige a assistência de entidades de grande elevação, conforme o conceito de Allan Kardec no *Livro dos Espíritos*:

Todo homem tem um espírito que por ele vela, mas as missões são relativas ao fim que visam; não dais a uma criança, que está aprendendo a ler um professor de filosofia.

E, em trecho já transcrito, explica: "que tudo é relativo ao grau de adiantamento, quer se trate de coletividades, quer de indivíduos".

Esses trabalhadores, porém, na Linha Branca, estão sob a direção de guias de maior elevação, de acordo com o dizer de Allan Kardec no *Livro dos Espíritos* sobre os espíritos familiares, que "são bons, porém, muitas vezes pouco adiantados e até levianos. Ocupam-se de boa mente com as particularidades da vida íntima e só atuam com ordem ou permissão dos espíritos protetores".

O objetivo da Linha Branca é a prática da caridade, e Allan Kardec, no *Evangelho Segundo o Espiritismo*, proclama repetidamente que "fora da caridade não há salvação".

A Linha Branca, pela ação dos espíritos que a constituem, prepara um ambiente favorável ao trabalho de seus adeptos. Será isso contrário aos preceitos de Allan Kardec? Não, pois vemos, nos períodos acima transcritos,, que os espíritos familiares, com ordem ou permissão dos espíritos protetores, tratam até de particularidades da vida íntima.

No mesmo livro ainda lê−se:

525. *Exercem os espíritos alguma influencia nos acontecimentos da vida?*
Certamente, pois que te aconselham.

Exercem essa influencia, por outra forma que não apenas pelos pensamentos que sugerem; isto é, têm ação direta sobre o cumprimento da coisa?
Sim, mas nunca atuam fora das leis da natureza.

Também no *Livro dos Espíritos* consta:

A ação dos espíritos que vos querem bem é sempre regulada de maneira que não vos tolha o livre arbítrio.

E, noutro trecho, o mestre elucida:

Imaginamos erradamente que aos espíritos só caiba manifestar sua ação por fenômenos extraordinários. Quiséramos que nos viessem auxiliar por meio de milagres e os figuramos sempre armados de uma varinha mágica. Por não ser assim é que oculta nos parece a intervenção que eles têm nas coisas deste mundo, e muito natural o que se executa com o concurso deles.

Assim é que provocam, por exemplo, o encontro de duas pessoas que suporão encontrar−se por acaso: inspirando a alguém a ideia de passar por determinado lugar; chamando−lhe a atenção para certo ponto, se disso resultar o que tenham em vista etc. Eles trabalham de tal maneira que o homem, crente de que obedece a um impulso próprio, conserva sempre o seu livre arbítrio.

Assim, os caboclos e pretos da Linha Branca de Umbanda, quando intervém nos atos da vida material em benefício desta ou daquela pessoa, agem conforme os princípios de Allan Kardec.

Na Linha Branca, o castigo dos médiuns e adeptos que erram conscientemente é o abandono em que os deixam os protetores, expondo-os ao domínio de espíritos maus.

No *Livro dos Espíritos*, Allan Kardec leciona:

496. *O espírito que abandona o seu protegido, que deixa de lhe fazer bem, pode fazer-lhe mal?*
Os bons espíritos nunca fazem mal. Deixam que o façam aqueles que lhe tomam o lugar. Costumais então lançar a conta da sorte as desgraças que vos acabrunham, quando só as sofreis por vossa culpa.

E adiante:

498. *Será por não poder lutar contra espíritos malévolos que um espírito protetor deixa que seu protegido se transvie na vida?*
Não é porque não possa, mas porque não quer.

A divergência única entre Allan Kardec e a Linha Branca de Umbanda é mais aparente do que real. Allan Kardec não acreditava na magia, e a Linha Branca acredita que a desfaz.

Mas a magia tem dois processos: o que se baseia na ação fluídica dos espíritos – e esta não é contestada, mas até demonstrada por Allan Kardec. E outro, que se fundamenta na volatilização da propriedade de certos corpos – e o glorioso mestre, ao que parece, não teve oportunidade, ou tempo, de estudar esse assunto.

Nos trechos finais das suas *Obras Póstumas*, os que as editaram observam, sob a assinatura de P. G. Laymarie:

No congresso espírita e espiritualista de 1890, declararam os delegados que, de 1869 para cá, estudos seguidos tinham revelado coisas novas e que, segundo o ensino traçado por Allan Kardec, alguns dos princípios do espiritismo, sobre os quais o mestre tinha baseado o seu ensino, deviam ser postos em relação com o progresso da ciência em geral realizados nos 20 anos.

Depois dessa observação transcorreram mais de 40 anos, e muitas das conclusões do mestre têm de ser retificadas.

Mas a sua insignificante discordância com a Linha Branda de Umbanda desaparece, apagada por estas palavras transcritas do *Livro dos Espíritos*:

Que importam algumas dissidências, divergências mais de forma do que de fundo? Notai que os princípios fundamentais são os mesmos por toda a parte e vos hão de unir num pensamento comum: *o amor de Deus e a prática do bem.*

E o amor de Deus e a prática do bem são a divisa da Linha Branca de Umbanda.

XXXII. A Linha Branca, o catolicismo e as outras religiões

Ensina Allan Kardec, no *Livro dos Espíritos*, que a religião se funda na revelação e nos milagres, e acrescenta: "O Espiritismo é forte, porque assenta nas próprias bases da religião".

Sendo assim, como a religião é de origem divina, não podemos esperar que a derrubem os nossos ataques, nem devemos considerá-la merecedora de nossas zombarias. Os filhos de Umbanda respeitam e veneram todas as religiões; e, sobretudo, a Igreja Católica, pelas suas afinidades com o nosso povo, e ainda pelas entidades que a amparam no espaço.

Obra terrestre originária do espaço, a Igreja Católica está cheia da sabedoria dos iluminados, e a Linha Branca de Umbanda pede, com frequência, à sua tradição e aos seus altares, elementos que lhe facilitem a missão de amar a Deus, servindo ao próximo; e nisso não se afasta de Allan Kardec, pois no *Livro dos Espíritos* lê-se:

O espiritismo não é obra de um homem. Ninguém pode revelar-se como seu criador, pois, tão antigo é ele quanto a Criação. Encontramo-lo por toda a parte, e em todas as religiões, principalmente na religião católica, e aí com mais autoridade do que em todas as outras, porquanto nela se nos depara o princípio de tudo quanto há nele: os espíritos em todos os graus de elevação, suas relações ocultas e ostensivas com os homens, os anjos guardiões, reencarnação, a emancipação da alma durante a vida, a dupla vista, todos os gêneros de suas manifestações, as aparições, e até as aparições tangíveis. Quanto aos demônios, esses não são senão os espíritos maus, salvo a crença de que eles foram destinados a permanecer perpetuamente no mal.

Estamos convencidos de que se os espíritas estudassem com mais profundeza e com ânimo desprevenido à liturgia da Igreja, haveriam de perceber—lhe um sentido oculto, compreendendo que na majestade sonora das naves se conjugam todas as artes para favorecer o êxtase e desprender a alma, elevando—a a Deus.

Sou dos que acreditam que o catolicismo, como todas as igrejas, vai entrar num período luminoso de reflorescimento, revigorado e rejuvenescido por surpreendentes reformas para as quais vão cooperar, com o antagonismo de suas diretrizes, as correntes materialistas de nosso tempo e a evidência multiplicada dos fenômenos espíritas.

Um espírita eminente, o Dr. Canuto de Abreu, que é, além de médico e advogado, um verdadeiro teólogo, entende que o espiritismo trouxe para a Igreja Católica um dogma novo – o da *reencarnação*; e, para todas as religiões necessárias a evolução humana, um principio correspondente a esse.

Procurando penetrar o futuro, acreditamos que o espiritismo triunfará na Igreja, sem destruí—la. Assim como invoca o consenso unânime dos povos para demonstrar a existência de Deus, a igreja invocará a universalidade das manifestações espíritas para aceitar o espiritismo, e talvez época surja em que os templos tenham escolas e médiuns instrutores.

Longe de prejudicar o espiritismo, isso lhe aumentará a força, o prestígio e a eficácia, colocando sob a orientação dos espíritos as corporações sacerdotais.

Voltando, porém ao presente, acrescentemos que a Linha Branca de Umbanda, que conta, entre os seus guias, tantos antigos padres, não procura intervir na vida da Igreja para atacar o seu clero, limitando-se a observar que há clérigos ruins, como há péssimos presidentes de sessões espíritas, e que nem aqueles, nem estes, com seus erros e falhas, atingem a Igreja e o espiritismo.

Ante a Igreja, qualquer que ela seja, católica ou protestante, como diante do sacerdote, quer seja pastor ou padre, é de simpatia e respeito a atitude do filho de Umbanda; e o conselho que aqui poderíamos deixar aos crentes daqueles templos se resume em poucas palavras:

— Segue rigorosamente os preceitos de tua religião, e Deus estará contigo.

XXXIII. Os batizados e casamentos espíritas

A celebração de batizados e casamentos em centros espíritas tem suscitado vivas discussões entre os adeptos da doutrina, e, apesar da condenação de muitos núcleos, os realizam instituições de grande responsabilidade, mesmo na Europa; como, por exemplo, a Federação Espírita Belga.

Os que os combatem alegam que o espiritismo não deve ter ritual e assentam, assim, a sua oposição a tais atos, numa confusão originária do conhecimento incompleto da liturgia.

A celebração de um batizado ou de um casamento, na Igreja, é feita mediante um ritual; porém, o casamento e o batismo parecem—me não ser rituais, mas sacramentos, podendo—se, pois, nas Tendas espíritas, suprimir—se o que se considere ritualístico.

Aliás, ao que suponho, o ritual é o meio, o modo, ou a maneira uniforme de praticar certos atos, empregando—se tal designação quando esses atos, por sua natureza, são tidos como santos, sagrados ou referentes à Divindade.

O Espiritismo, na realização de suas sessões, obedecendo a praxes mais ou menos uniformes, obedece, por mais que se negue, a uma regra, ou ritual. Não haverá, talvez, grave engano em admitir que os inimigos do ritual o são apenas aparentes, pois só desejam, na realidade, simplificá—lo, tirando—lhe a imponência e a pompa.

Desde que adotamos um princípio, dando-lhe o caráter de um culto religioso, é natural que procuremos associá-lo aos atos principais de nossa existência, sobretudo quando a tradição herdada de nossos pais os ligava a religião e ao templo. Compreendo, pois, a celebração desses cerimoniais nas Tendas de espiritismo.

Os pais exigem o batismo, pelas reminiscências católicas, pelo prestígio atávico das tradições, pela forca irreprimível do hábito secular, tendo a impressão que os filhos, enquanto não lhes derramam na cabeça a água lustral do batismo, estão fora do rebanho de Deus – e os presidentes dos centros, para que os seus companheiros não recorram aos padres, acabam transigindo.

Às vezes, porém, são esses presidentes, com frequência transformados em padres sem batina, que aconselham o batismo espírita; impondo-os, docemente, a tolerância dos confrades.

Os espíritos, não raro, pedem para celebrar o batismo das criancinhas, e na Linha Branca não é difícil, mas até comum, ver o trabalhador do espaço descendo pela primeira vez para integrar-se num núcleo terreno, dar o nome e pedir para ser batizado. Conheço casos de espíritos, que há muitos anos trabalham em nossos centros, fazerem-se batizar.

O batismo nas Tendas é, em geral, feito por um espírito incorporado, que o celebra com singeleza e rapidez; mas já vi um presidente de Tenda batizar um velho trabalhador do espaço, a convite ou a pedido deste.

Não vejo inconveniente em celebrar, numa casa onde se invoca Jesus, um ato a que Jesus se submeteu. Acharia, porém, que a significação religiosa da cerimônia deveria emprestar-se um sentido humano, assumindo os padrinhos da criança, de modo formal, perante os guias, o compromisso de auxiliar o seu encaminhamento no mundo, substituindo, como pais adotivos, os pais que viessem a falecer, deixando um filho em condições desfavoráveis de fortuna, e em menor idade.

Em relação ao casamento, como sou dos que entendem que o crente deve em todas as ocasiões solicitar as bênçãos e graças divinas, não censuro, antes aplaudo os centros que o realizam.

A celebração nupcial consiste, geralmente, numa suplica, feita pelo presidente do Centro, ou por um espírito incorporado, pedindo a assistência misericordiosa de Deus para o novo casal.

Os próprios materialistas e o Estado leigo reconhecem a necessidade de efetuar o casamento civil com um cerimonial tendente a impressionar profundamente os noivos, para que a recordação sempre nítida dessa solenidade, vibrando na alma de cada um dos cônjuges, avive, nas circunstâncias várias da vida, a consciência de suas mútuas responsabilidades e deveres para consigo e sua prole.

Não vejo, por isso, inconveniência alguma em celebrar casamentos espíritas com certa majestade estética, segundo a cultura e os hábitos dos noivos e os do meio em que se realizam.

XXXIV. A instituição de Umbanda

Nos artigos sobre a Linha Branca de Umbanda e Demanda, explicamos a sua organização no espaço, de acordo com as necessidades de determinadas zonas terráqueas, por largo ciclo de tempo, com o concurso de elementos espirituais afins com os habitantes dessas regiões; o seu fundamento evangélico, inspirando−se no exemplo de Jesus, ao expulsar os vendilhões do templo; e o seu objetivo − a prática da caridade, libertando de obsessões, curando as moléstias de origem ou ligação espiritual, anulando os trabalhos da Magia Negra, e preparando um ambiente favorável ao trabalho de seus adeptos.

Mostramos, em seguida, o rigor de sua hierarquia, as causas dos usos de seus atributos, e as dos apetrechos semelhantes aos empregados pelas linhas adversas; a natureza, a necessidade e o efeito dos despachos; a sua constituição em Sete Linhas e a formação das falanges que as integram e tornam eficientes; a ação isolada de cada espírito, a ação da falange, a de cada Linha, e o esforço combinado de todas.

Estudamos os protetores de suas Tendas, ou centros, a razão pela qual tantas entidades superiores se apresentam como caboclos broncos ou negros ignorantes; a diversidade de origem deles, em referência as suas últimas encarnações na Terra, a sua bondade humilde e o seu alto saber disfarçado em mediocridade.

Constatamos, em cada Linha, a inspeção constante de vinte e um Orixás, espíritos dotados de faculdades e poderes extraordinários, e vimos a grandeza luminosa de seus guias supremos; tratando, com certa amplitude, desses iluminados com que temos estado em contato.

Observamos, ainda, uma instituição da Linha Branca de Umbanda e Demanda, com a sua organização terrena correspondendo a do espaço, com os seus serviços do plano material articulando-se no plano espiritual, regendo-se, em cima e em baixo, por um sistema que a coloca ao nível de qualquer religião regular.

E dentro dessa harmonia, com as responsabilidades e as funções definidas, sob inquebrável disciplina hierárquica, quer para os espíritos, quer para os homens, verificamos ações que se comparam aos velhos milagres consagrados pela auréola, no altar.

Não conhecemos no espiritismo nada que se compare, como organização, às Tendas de Maria do Caboclo das Sete Encruzilhadas, e basta citá-las para mostrar que a Linha Branca de Umbanda e Demanda é uma grande e legítima instituição religiosa.

XXXV. O futuro da Linha Branca de Umbanda

A evolução da Linha Branca de Umbanda e Demanda depende e acompanhará a evolução das populações situadas na zona terráquea de sua ação e influência.

Tanto mais decline a magia em suas operações danosas à criatura humana, quanto mais se simplificarão os processos da Linha Branca, obrigada a exercê−los de conformidade com as circunstâncias decorrentes da atuação de forcas espirituais e camadas fluídicas maleficamente empregadas.

Destinada, também, a quebrar o orgulho mental e mundano de nosso tempo, à medida que o progresso moral dos homens se acentue, a Linha Branca acompanhando−o modificará o caráter, ou a natureza de suas manifestações, adaptando meios novos de servir a Deus, esclarecendo e amparando o próximo.

Dia virá, certamente ainda distante no tempo, em que não haverá necessidade de recorrer aos meios materiais para alcançar efeitos espirituais, em que o aparecimento de caboclos e pretos velhos nos terreiros das Tendas apenas ocorrerá esporadicamente, para não deixar perecer a lembrança destas épocas de duro materialismo e pesado orgulho utilitarista, que tão árdua e penosa tornam a missão dos espíritos incumbidos da assistência aos homens, como trabalhadores da Linha Branca de Umbanda.

A Linha, então, terá aprimorado a sua organização atual e, dentro dos quadros do espiritismo, será uma instituição de grande fulgor, regrada pela sistematização severa que a de agora esboça, articulando, cada vez mais, o seu plano terreno no alto plano do espaço, de que é reflexo.

Nessa idade, os *falquejadores* (quem desbasta ou afina, em geral com um machado ou facão) *do grande tronco*, como os chama o Caboclo das Sete Encruzilhadas, os humildes presidentes e trabalhadores de Tendas, hoje incompreendidos e injuriados, abençoarão, no espaço, libertos da matéria, os sofrimentos e as calúnias que afrontaram na Terra, no comprimento de uma tarefa muitas vezes superior aos seus méritos e energia.

Quando, porém, raiará o esplendor dessa aurora? Esperemo-lo, confiantes. Por mais que tarde, há de vir; e, para quem se coloca na sua ação espiritual no mundo material, sob o ponto de vista espírita, a lentidão das coisas não gera o desânimo, porque o tempo não tem limite e o espírito é imperecível.

Presentemente, as forças maléficas que a Linha Branca tem de enfrentar, na defesa da humanidade, tomam um desenvolvimento assombroso, sob o impulso da exasperação dos piores sentimentos humanos, irritados até a revolta pelas amarguras econômicas oriundas dos erros e crimes do egoísmo de indivíduos e povos, acumulando-se ininterruptamente através de numerosas gerações.

Os instintos mais inferiores, por tanto tempo reprimidos por sentimentos fundamentados em princípios religiosos, derrubadas essas convenções pelos abalos sociais dos últimos decênios, irrompem com a fúria das torrentes represadas, ameaçando o mundo de uma subversão moral completa.

A Linha Branca de Umbanda e Demanda é um dos elementos de reação e defesa com que o espiritismo, ao lado das religiões espiritualistas, tem de dominar essa avalanche caótica e arrasadora, competindo-lhe, a Linha Branca na região densa de sua influência, a parte mais penosa da

113

Demanda, pois tem de se agir com a flor que embalsama e com a espada que afugenta, entre as hostilidades e as desconfianças de alguns de seus aliados no amor a Deus e na prática do bem.

Esse terrível surto do mal tem de ser quebrantado, e a Linha Branca, que hoje se encapela em ondas espumantes de oceano em tempestade, ainda será, na bonança, o azul lago placidamente refletindo as luzes do céu.

E, pois que estas linhas serão publicadas na manhã que nos recorda o sorriso de Jesus infante, na manjedoura de Belém, seja permitido ao humilde filho de Umbanda enviar saudações e votos de paz, no seio de Cristo, aos crentes e sacerdotes de todos os templos, com uma súplica fervorosa pelo bem estar daqueles que se privam do conforto da fé, e desconhecem Deus.

Printed in Great Britain
by Amazon

77927021R00066